KHAN,
CHEVAL DES STEPPES

Traduit de l'allemand (Suisse) par
Anne Georges

Castor Poche Flammarion

Prologue

Cette histoire se déroule dans un pays lointain entre la Russie et la Chine, à une époque où il n'y avait pas encore de camions traversant la steppe, pas de barrages retenant le cours des fleuves, ni de centrales nucléaires ou de tours de forage dénaturant le paysage.

En ce temps-là, les Mongols étaient libres et la steppe était belle. Cette histoire est peut-être un conte... ou seulement un rêve.

Chapitre 1

Au cours de la nuit précédente, la neige était tombée, saupoudrant de blanc les herbes drues de la steppe jusqu'au pied des montagnes. Le sol gelé crissait sous les sabots des chevaux. Un pâle soleil d'hiver brillait sur la vaste plaine et les montagnes rocheuses et n'allait pas tarder à disparaître une nouvelle fois à l'horizon dans un halo rougeâtre.

Il fallait regrouper pour la nuit les moutons et les chevaux dans un enclos protégé par une palissade. Dès les premières chutes de neige, les loups et les ours avaient pour habitude de quitter leurs repaires dans les montagnes et de descendre dans les pâturages.

Il faisait déjà sombre lorsque Huong, le chien de berger, flaira sur le sol des empreintes : des moutons s'étaient éloignés du troupeau. À grands bonds, il escalada avec souplesse le versant d'une montagne. Anga hésita. Devait-elle le suivre? Huong saurait, il est vrai, se tirer seul d'affaire, il était bien dressé et avait du courage. Mais à supposer que des agneaux se trouvent aussi parmi les moutons égarés? Chaque bête avait son prix, il ne fallait en perdre aucune. Sans plus attendre, Anga lança son cheval au galop.

Scintillante et blanche comme une pièce d'argent, la pleine lune montait lentement au-dessus des cimes montagneuses. Il faisait très froid. Un vent mordant venu des steppes de Sibérie déferlait en sifflant et tordait les sapins et les peupliers.

Anga portait ses vêtements d'hiver: un pantalon en cuir, une veste longue doublée de fourrure et des bottines ornées de franges, à la pointe retroussée. Comme la plupart des jeunes filles mongoles, elle était grande et élancée. Deux longues nattes serrées descendant jusqu'à la ceinture encadraient son jeune visage cuivré.

Le cheval respirait fort. Un nuage de vapeur blanche flottait devant ses naseaux. Ses sabots soulevaient des tourbillons de neige. Huong, le chien, se faufilait comme une ombre entre les rochers. Soudain, il lança un bref aboiement, puis accéléra sa course. Anga talonna son cheval. Derrière une paroi rocheuse apparurent quelques moutons apeurés, serrés les uns contre les autres au-dessous d'une plate-forme en surplomb. Tout en grognant, Huong encercla les animaux. Ses yeux, dans la pénombre, prenaient une lueur rougeâtre. Ses crocs puissants, sa longue queue touffue trahissaient son appartenance à la race des loups, mais jamais Huong n'aurait dévoré les moutons confiés à sa garde.

Sans cesser de glapir et de grogner, le chien pressa les moutons du bout de son museau, les contraignant à quitter leur refuge. Un des agneaux boitait et poussait des cris plaintifs – il était sûrement blessé. Anga sauta de son cheval, attrapa l'agneau et palpa ses membres. Comme il faisait déjà sombre, elle ne put rien déceler. L'animal avait peut-être seulement marché sur une épine. Sans chercher à en savoir davantage, Anga prit l'agneau dans ses bras, revint vers son cheval et monta en selle. L'agneau se laissa faire sans résistance.

Anga descendit au pas le versant de la montagne, tenant serrée dans ses bras la petite créature. Arrivée en bas dans la plaine, elle dirigea prudemment son cheval entre des éboulis de pierres. Soudain, levant les yeux, elle tressaillit. Instinctivement, elle tira sur les rênes. Son cheval s'arrêta.

Devant elle, absolument immobile, un cheval! Sa robe était d'un blanc laiteux avec des reflets légèrement bleutés, d'une brillance et d'une clarté si étranges, comme si l'animal avait été engendré par les rayons de la lune. Il avait une longue crinière aussi soyeuse que la chevelure d'une femme, une queue touffue tombant jusqu'à terre. Ses yeux brillaient telles des perles noires. Attentif, tête redressée, il observait la jeune fille, mi-méfiant, mi-surpris, mais en aucune manière intimidé ou apeuré.

Anga retint son souffle. Jamais elle n'avait vu de cheval aussi beau! La silhouette claire, muette, là, sous les roches de basalte noires, avait quelque chose de magique. Pendant quelques secondes, Anga crut à une apparition, mais le léger tintement d'un caillou sous les sabots de l'animal lui en apporta la confirmation: c'était bien un cheval, en chair et en os!

Anga se remémora d'un coup cette loi des steppes: tout cheval qui n'est marqué par aucun fer appartient à celui qui le capture.

Un flot de pensées agita alors la jeune fille. Vais-je pouvoir le capturer? Il n'a pas plus d'un an ! Et il n'a encore jamais été monté, ça se voit à son regard ! Mais d'où vient-il ? Sûrement d'une horde sauvage dans la montagne... Lentement, prudemment, Anga dégagea les pieds des étriers et se laissa glisser à terre. Puis elle se pencha et déposa délicatement l'agneau. Un éclair passa dans les yeux du cheval. Il pointa les oreilles.

D'un coup d'œil rapide, Anga inspecta les lieux. Des rochers se dressaient derrière le poulain ; il ne pourrait donc s'enfuir qu'en passant devant elle. Son regard s'attarda sur l'encolure ramassée et puissante de l'animal, sur ses pattes fines et musclées. À n'en pas douter, il était particulièrement prompt et fort. Anga avait passé toute sa vie au milieu des chevaux et savait comment procéder. Mais réussirait-elle à dompter le superbe animal ?

Avec une infinie lenteur, bougeant le moins possible, elle dénoua le lasso fixé à la selle, l'enroula, puis s'approcha pas à pas. L'animal était attentif au moindre de ses gestes, ses sabots grattaient le sol avec inquiétude. Et, soudain, il partit au galop. D'un tournoiement ferme du poignet, Anga lança aussitôt le lasso, qui fendit l'air en sifflant et s'enroula autour de l'encolure du poulain. Tremblant de tous ses membres, il chercha à se libérer et se cabra. Ses jambes antérieures battirent dans le vide, passant à deux doigts d'Anga qui s'esquiva d'un bond en arrière. Il roula des yeux furibonds, fit volte-face et se précipita en direction de la plaine. Le lasso se tendit comme la corde d'un arc. Campée sur ses deux jambes, Anga tenta de toutes ses forces de le retenir, mais une violente accélération la projeta en avant, elle perdit l'équilibre et tomba à terre.

Le cheval galopait comme un fou à travers la plaine baignée par le clair de lune, traînant derrière lui la jeune Mongole agrippée au lasso. Sa longue crinière soyeuse, d'une clarté lumineuse, flottait au vent.

Anga comprit qu'elle avait perdu. Elle ouvrit la paume de la main, lâcha le lasso... et réalisa avec effroi qu'il s'était enroulé autour de son poignet.

Le vent lui sifflait aux oreilles, son corps heurtait les éboulis et les cailloux, balayait le sol, tantôt projeté en l'air, tantôt retombant lourdement. Sa bouche cogna contre des pierres. De sa main libre, elle essaya d'attraper le poignard glissé dans sa ceinture. Elle réussit non sans mal à le sortir de son fourreau et à faire passer son bras gauche sur son poignet droit. Elle trancha le lasso. Son corps s'affala brutalement, visage contre terre. Elle resta étalée de tout son long, le souffle coupé, le corps meurtri, la bouche pleine de sang et de sable, tandis que, martelant le sol de ses sabots, le cheval de lune disparaissait comme une flèche d'argent dans la nuit.

Chapitre 2

Des colonnes de fumée s'élevaient du campement d'hiver entouré de hautes palissades. Il comptait quinze tentes, quinze yourtes réparties autour d'une plus importante, celle du chef de la tribu.

Anga conduisit son cheval dans l'enclos aux bestiaux. Ses lèvres saignaient abondamment. Elle était déçue et maussade.

Elle détela promptement sa monture, chargea la selle sur ses épaules et se dirigea vers la yourte de ses parents. Écartant la lourde tenture en feutre qui fermait l'entrée, elle se glissa à l'intérieur. L'espace était chaud et faiblement éclairé. Le sol était couvert de peaux de mouton. Des arcs et des carquois peints de couleurs vives étaient accrochés à sa paroi et en son milieu brûlait un petit feu, dont la fumée s'échappait par une ouverture au sommet de la tente.

Nirma, la mère d'Anga, découpait des morceaux d'agneau qu'elle jetait dans un chaudron en cuivre suspendu au-dessus du feu. Vêtue d'une veste bleue ceinturée et d'un bonnet en fourrure brodé de laines multicolores, Nirma était une femme élancée, presque maigre, avec de longs bras vigoureux. Ses yeux en amande, au-dessus de ses pommettes rondes haut placées, ressemblaient beaucoup à ceux de sa fille.

Assis sur une peau d'ours, Sadgoum, le père d'Anga, fumait sa pipe. De taille moyenne, son corps était souple et nerveux. Des rides profondes burinaient son large visage, éclairé par un regard vif et intelligent. Il portait une veste en cuir bordée de fourrure et des bottes hautes à la pointe retroussée.

Lorsque Anga pénétra dans la yourte, laissant entrer une vague d'air froid, sa mère Nirma leva la tête.

— Tu rentres bien tard. Est-ce que...

Puis elle s'écria :

— Anga, qu'est-il arrivé ?

Anga passa la main sur son menton. Quand elle vit ses doigts couverts de sang, elle essaya de sourire. Elle déposa la selle et voulut répondre, mais ses lèvres tuméfiées n'émirent qu'un son déformé.

— J'ai... j'ai vu un poulain près des montagnes. Il était blanc comme la neige et sa crinière luisait comme de l'argent. J'ai réussi à l'attraper, mais il m'a échappé. Ensuite, il s'est enfui dans la steppe.

Nirma se leva et orienta le visage d'Anga vers la lumière du feu.

— Oh, ce n'est pas grave! dit Anga pour la rassurer.

Sans un mot, Nirma hocha la tête. Elle alla chercher une petite boîte en bois sculpté, en retira une poudre brune qu'elle délaya dans de l'eau chaude. Puis elle l'appliqua avec un linge sur les lèvres fendues d'Anga. Le goût était désagréable, et Anga fit la grimace. Elle regarda son père: il souriait; le courage était la vertu qu'il estimait le plus.

— À t'entendre parler, ironisa gentiment Sadgoum, ce cheval serait digne de porter un khan sur son dos.

À ce mot, Anga s'emballa.

— Khan! Oui, c'est tout à fait le nom qui lui

convient. Khan! Un nom merveilleux, n'est-ce pas?

Curant sa pipe au-dessus du feu, Sadgoum dit en souriant à sa femme :

— Tu ne trouves pas que nous avons une fille incroyable? Elle n'a pas encore capturé le cheval que déjà elle lui donne un nom.

Piquée au vif, Anga redressa la tête.

— Je finirai bien par l'attraper! Et, cette fois, il ne m'échappera pas! Dès demain, je pars à sa recherche!

— Et suppose qu'il soit marqué, dit Sadgoum.

Les yeux d'Anga lancèrent des éclairs.

— Il ne porte aucune marque! J'en suis absolument sûre! De toute façon, je veux ce cheval!

Elle avait prononcé ce «je veux» d'un ton qui traduisait sa volonté de posséder ce poulain, mais plus encore celle de laver l'affront qu'il lui avait infligé en lui échappant si lamentablement. Sadgoum le comprit sur-le-champ. Il était fier de sa fille en qui il reconnaissait sa propre énergie et sa propre vitalité. Elle lui apportait autant de satisfaction qu'un garçon. Jamais Sadgoum n'avait regretté de ne pas avoir de fils. Anga était intelligente et extrêmement adroite. Lorsqu'elle tirait une flèche, celle-ci s'envolait à plus de cent coudées. Même un épervier n'avait pas une vue aussi perçante que la sienne. De surcroît, Anga était très belle, bien plus belle que Chour et Darmina, les filles du chef de la tribu, avec leurs vestes en soie, leur visage fardé et leurs cils alourdis de Rimmel.

Au cours de la nuit, une tempête de neige se leva. Réveillée par la tourmente, Anga sortit de son sac de couchage, rampa sans bruit jusqu'à l'entrée de la tente, souleva la tenture en feutre et scruta la nuit. Un vent glacial lui soufflait au visage. De gros flocons tourbillonnaient dans les airs. La tempête gémissait comme un animal blessé.

Anga était consternée. Ces intempéries allaient lui interdire de s'éloigner du campement et le poulain risquait de s'évanouir dans l'immensité de la steppe. «Je le retrouverai! se dit Anga. Il faut que je le retrouve!»

Elle regagna son sac de couchage, s'y glissa jusqu'au menton et essaya de se rendormir. Mais elle était trop excitée et passa une nuit agitée, prêtant l'oreille aux hurlements incessants du vent.

Au lever du jour, il neigeait si abondamment qu'Anga eut du mal à discerner les contours des yourtes voisines. La fureur s'empara d'elle : maudite soit la tempête qui la condamnait à rester sous la tente et l'empêchait de partir à la recherche du mystérieux cheval!

Tchi-Sik, le faucon apprivoisé d'Anga, était perché sur une corde en poil de chameau tendue en travers de la tente. Lui non plus n'aimait pas la neige qui le privait de la chasse. Il battait furieusement des ailes et poussait des cris stridents. Anga lui lança un morceau de viande pour le calmer. Puis, le visage renfrogné, elle s'assit près du feu. Sadgoum l'avait observée.

— Il y a certaines choses qu'il te faut encore apprendre, dit-il calmement. Rien ne sert de s'emporter contre la nature. Tu ne peux ni arrêter le cours d'un fleuve, ni empêcher le soleil de briller. Il neige? Eh bien, résigne-toi à ce que la neige tombe! À quoi bon se mettre en colère?

Anga baissa pensivement la tête et resta un instant silencieuse.

— Tu as raison, finit-elle par dire. Je dois m'efforcer d'être plus patiente, mais c'est terriblement difficile.

Et, dans sa voix, on sentait à nouveau poindre la révolte.

Il neigea sans discontinuer quatre jours durant. Le ciel gris était bas et couchait vers la terre des volutes de fumée sortie des yourtes.

Au hurlement du vent se mêlait le bêlement des moutons. Les agneaux et les jeunes chevreaux les plus fragiles avaient été hébergés sous les tentes.

Le cinquième jour, la tempête cessa d'un seul coup. Des rayons de soleil rougeâtres percèrent la couche grise des nuages. La plaine et les montagnes étaient couvertes d'un épais manteau blanc et un étrange silence s'étendait sur la steppe. Anga prit son arc et ses flèches et appela son faucon. Tout à la joie de chasser, Tchi-Sik vint se poser sur l'épaule de la jeune fille. Le visage rayonnant, pataugeant dans la neige, Anga se dirigea vers l'enclos aux bestiaux et sella sa monture. Peu de temps après, elle galopait à travers la plaine scintillante, ses tresses brunes dansant au rythme de la chevauchée. Les sapins disparaissaient sous d'épais coussins blancs et les peupliers ployaient sous le poids de la neige.

Anga longea la rivière, puis elle engagea sa monture vers les flancs des montagnes. Une voix intérieure lui disait que le poulain aurait pu trouver refuge dans une anfractuosité rocheuse. Malgré des heures de vaine recherche, Anga ne se laissa pas gagner par le découragement.

Elle ne se décida à prendre le chemin du retour que lorsque le soleil commença à décliner à l'horizon. Tchi-Sik avait chassé seul, mais il suivait de loin sa maîtresse, décrivant dans le ciel pur de larges cercles. Soudain, il se laissa tomber comme une pierre – un arrêt brusque, un rapïde battement d'ailes, et il se retrouva à sa place, sur l'épaule d'Anga. Ses serres puissantes, capables de déchiqueter la moindre proie, s'agrippaient à l'épaisse veste en cuir de la jeune fille.

Brusquement, Anga perçut un long hurlement dans le lointain.

— Tu entends, Tchi-Sik? murmura-t-elle. Des loups!

Elle pensa au poulain qui errait quelque part dans la solitude des montagnes et un frisson la parcourut.

— Il faut absolument que je le trouve, Tchi-Sik! Demain, on y retourne.

Sadgoum aussi avait entendu le hurlement des loups. Alors qu'Anga, de retour dans la tente, réchauffait près du feu ses doigts engourdis, il la mit en garde.

— Ne t'attarde pas au dehors après le coucher du soleil. Les loups sont lâches. Ils ont peur de la lumière du jour, mais leur courage croît dans l'obscurité.

— Je serai prudente, promit Anga, en buvant à petites gorgées le thé brûlant que lui avait tendu sa mère.

Le lendemain matin, elle reprit ses recherches. L'air était glacial et un pâle soleil s'élevait au-dessus des cimes montagneuses. La neige dure craquait à chaque pas du cheval. Anga grelottait de froid, malgré ses gants fourrés en peau de mouton et sa veste en cuir. Son haleine formait un petit nuage blanc flottant devant ses lèvres.

Elle se dirigea au galop vers la rivière. À ses pieds, la neige était couverte d'empreintes allant dans toutes les directions, faisant penser à une broderie. Ici, les traces d'un renard, là celles d'une marte, et ces traces délicates étaient celles d'une pie. D'autres plus loin, celles d'un faisan. Devinant, sur la berge de la rivière, la silhouette massive d'un ours, Anga fit faire volte-face à sa monture et poursuivit sa chevauchée. Elle préférait éviter de telles rencontres et entreprit l'ascension de la montagne. La pente était raide et son cheval haletait. Des branches de sapins lui frôlaient le visage. Tchi-Sik, les ailes largement déployées, planait sans effort au-dessus des arbres. Anga lui lança un regard d'envie.

« Si seulement j'avais moi aussi des ailes ! songea-t-elle. Ce cheval avance à la vitesse d'un escargot. »

Impatientée, elle talonna sa monture, mais celle-ci hennit de mécontentement. Les sabots du cheval s'enfonçaient profondément dans la neige fraîche.

La cavalière finit par atteindre un haut plateau cerné de toutes parts de pitons rocheux. À sa gauche, une forêt de sapins s'étendait sur tout le versant.

L'esprit en alerte, Anga continua d'avancer au pas. L'endroit lui déplaisait, sans qu'elle sache dire pourquoi. Elle allait faire demi-tour, quand son cœur se mit à battre la chamade. Dans la neige devant elle apparaissaient nettement les empreintes laissées par les sabots d'un cheval et, entre ces empreintes, comme des fleurs pourpres, des taches de sang.

Pâle d'émotion, Anga leva la tête et jeta un regard à la ronde. Partout ce n'était que silence. Mais les empreintes étaient fraîches, le sang avait à peine eu le temps de se figer. Poussant sa monture, Anga suivit la trace de plus en plus profonde, comme si l'animal s'était traîné avec peine entre les rochers, les sapins et les four-rés. L'inquiétude d'Anga ne cessait de croître. Elle chevauchait comme dans un rêve et ne pou-vait détacher son regard des empreintes ensan-glantées. Et, soudain, elle aperçut le poulain. Il était allongé de tout son long au pied d'un piton rocheux. La neige autour de lui était écarlate.

Anga s'aperçut qu'elle claquait des dents. Elle mit pied à terre et, les jambes raides, elle avança lentement vers le cheval immobile. Vivait-il encore ?

Un frémissement parcourut le corps de l'ani-mal qui essaya de lever la tête. Sa crinière fit voltiger de la neige.

Le cœur rempli de joie de voir que le pou-lain bougeait, Anga voulut se précipiter vers lui, mais elle se reprit et s'immobilisa. Non, il ne fallait surtout pas l'effrayer.

Épuisé, le poulain laissa retomber la tête. Il respirait difficilement. Ses flancs, son encolure étaient lacérés par des morsures : l'animal avait vraisemblablement été attaqué par des loups. Mais comment avait-il pu échapper à une horde de loups affamés ? C'était tout à fait extraordi-naire !

Anga était maintenant si près du poulain qu'il lui suffisait de tendre la main pour le toucher. Mais elle vit ses yeux agrandis par la peur et la souffrance.

— Patience, chuchota Anga. Patience, n'aie pas peur.

Bien que la voix d'Anga fût calme et que ses gestes fussent mesurés, le regard du poulain trahissait toujours une certaine méfiance. Il essaya une nouvelle fois de se redresser. Il tremblait de tout son corps et gémissait : la fièvre sûrement. Il fallait absolument panser ses plaies, lui donner à boire. Mais comment ?

Anga eut soudain une idée : elle ramassa des poignées de broussailles sèches, puis chercha dans sa petite sacoche en cuir accrochée à sa ceinture une pierre à briquet et de l'amadou. Le feu eut du mal à prendre dans les brindilles gorgées d'humidité, mais une petite flamme finit par s'élever. Par-dessus sa veste, Anga portait une cape en cuir. Elle l'étendit près du feu, y déposa une poignée de neige et attendit patiemment qu'elle fonde.

Le cheval ne bougeait pas, seul un frisson le parcourait de temps en temps. Après avoir obtenu une petite quantité d'eau, Anga déposa prudemment la cape devant la tête de l'animal. Le poulain s'anima. D'un mouvement brusque, il leva la tête et voulut mordre. Anga entendit ses dents claquer dans le vide.

— Du calme! lui lança-t-elle. Pourquoi vouloir me mordre? Je ne suis pas un loup, moi! Vite, bois avant que l'eau ne s'écoule.

Le cheval avait aperçu l'eau. Pourtant, il hésitait encore. Il finit par avancer lentement les lèvres, flaira l'eau, puis, péniblement, se mit sur les genoux. Il but à longs traits l'eau qui disparut en un clin d'œil. Accroupie dans la neige sur le côté, Anga le regardait d'un air satisfait.

— Tu vois? Je ne te veux aucun mal. Aie confiance en moi!

En cet instant, le cheval d'Anga attaché à un arbre donna des signes d'inquiétude. Aussitôt la jeune fille se redressa et, plissant les yeux, scruta les environs. Elle avait l'habitude d'être attentive aux réactions de ses animaux et n'eut pas à chercher longtemps la raison. De la forêt obscure et impénétrable parvenaient de longs hurlements, comme des sanglots étouffés, auxquels le poulain blessé répondit par un long hennissement, tandis que le cheval d'Anga tirait sur ses rênes et roulait des yeux effrayés.

Anga sentit une sueur froide lui glacer la nuque. Des loups! Il faisait encore jour, mais déjà le soleil déclinait à l'horizon et les ombres s'allongeaient. Certes, elle pouvait s'enfuir sur son cheval... mais abandonner à son sort le poulain blessé, au bord de l'épuisement, non! jamais! En une fraction de seconde, un plan germait dans son esprit. Glissant deux doigts entre les lèvres, elle lança un sifflement aigu. Tchi-Sik, le faucon, dans un battement d'aile, se posa bientôt sur son épaule.

— Vole, Tchi-Sik, retourne au campement! lui dit-elle en lui grattant la tête et le dos. Retourne au campement et reviens avec mon père, vite, vite!

En voyant le faucon revenir seul, Sadgoum comprendrait que sa fille avait besoin d'aide. Tchi-Sik pourrait le guider et, avant minuit, son père serait ici.

Elle étendit le bras et, d'un geste rapide, lança l'oiseau dans les airs. Tchi-Sik tournoya au-dessus de sa maîtresse, prit peu à peu de l'altitude et, comme Anga ne le rappelait pas, il comprit ce qu'elle attendait de lui. À grands coups d'ailes, il s'éleva au-dessus des pitons rocheux, puis disparut dans le ciel obscurci par la nuit tombante.

Il n'y avait pas de temps à perdre. Anga s'empressa de couper toutes les branches basses des sapins avec son poignard. Il allait faire nuit d'un instant à l'autre et les hurlements des loups, du fin fond de la forêt, avaient repris. Les deux chevaux tremblaient de peur. Partant du piton rocheux derrière son dos, Anga dressa en demi-cercle autour d'elle et des animaux un large rempart de branches et de broussailles. Elle haletait, ses mains s'écorchaient sur les aiguilles de pin et les écorces. Il lui fallait une grande quantité de bois pour pouvoir tenir jusqu'à l'arrivée de son père ! Ce que les loups craignaient par-dessus tout, Anga le savait, c'était un grand feu. Mais s'il venait à s'éteindre, elle était perdue.

Soudain, le hurlement des loups fut si proche qu'Anga en frissonna. Elle crut même voir des ombres bouger tout près. Paniqués, les chevaux se mirent à hennir.

Anga se pencha sur le petit feu de broussailles. Il n'y avait plus le moindre rougeoiement. Elle s'agenouilla et souffla, mais les flammes ne voulaient pas reprendre. Malgré la tension et l'émotion, ses gestes étaient sûrs et précis. Évidemment, elle avait peur, mais toute sa jeune existence avait été un perpétuel combat contre les dangers d'une nature hostile. L'important maintenant était de rester calme et de ne pas perdre la tête, même si une meute de loups affamés se préparait à attaquer.

Enfin un reflet rougeâtre éclaira la neige. Anga se courba et souffla doucement sur la braise jusqu'à ce que les flammes deviennent plus hautes et commencent à faire prendre le bois autour d'elles. Dans un craquement sec, les branches s'embrasèrent les unes après les autres, et une fumée sentant la résine s'éleva en volutes. Anga ne laissait brûler qu'une partie du rempart de branchages, car il lui fallait économiser ses provisions de bois. Elle se disait que la lueur du feu suffirait, à elle seule, à tenir les loups à distance.

Le poulain exténué haletait et son corps était sans cesse secoué par des convulsions. À la chaleur du feu, ses blessures avaient recommencé à saigner.

La nuit était maintenant complètement tombée. Au loin, des silhouettes grises glissèrent sur la neige. Dans l'obscurité de la forêt, le nombre des points rouges allant par deux ne cessa de croître. Les loups approchaient. Déjà, Anga pouvait discerner leurs oreilles pointues et leur longue queue touffue. Ils avaient cessé de hurler et avançaient en silence.

Anga saisit une branche incandescente qu'elle

fit tournoyer vivement au-dessus de sa tête pour que la braise, au contact de l'air, s'enflamme, puis elle la lança très loin en direction des loups. Ils reculèrent. En tombant sur la neige, la branche s'éteignit en grésillant, maintenant les loups à une distance respectable. Mais la faim les rendait ivres de fureur et les plus courageux ne tardèrent pas à s'aventurer plus avant. La jeune fille lança une autre branche incandescente, et les loups reculèrent.

Anga porta alors ses regards sur le poulain. À la lueur des flammes, elle vit ses yeux, élargis par la peur et la souffrance, rivés sur elle ; sa respiration était rauque. Combien Anga aurait aimé lui faire comprendre que ce n'était pas elle la responsable de ses souffrances, mais les loups !

Leur nombre semblait avoir augmenté. Au début, Anga n'en avait compté que cinq ou six. Tête relevée, les yeux luisants, ils se tenaient en bordure de la forêt et hurlaient à la lune. Très loin, derrière la colline, une autre meute leur répondait.

Anga prit son arc, la flèche fendit l'air dans un léger chuintement. Touché en plein flanc, un des loups fit un bond, puis retomba dans la neige. Aussitôt, les autres animaux de la meute se ruèrent sur leur compagnon. D'abord, ils l'encerclèrent et le reniflèrent. Dès que le loup blessé ne donna plus aucun signe de vie, ils se jetèrent sur lui et se disputèrent avec voracité sa dépouille.

Écœurée par les grognements et les halètements des bêtes, Anga se détourna. Même si ce n'était que de courte durée, elle jouissait pour l'instant d'un peu de répit.

Pourvu que la neige ne recommence pas à tomber ! Elle éteindrait le feu. Et alors ! Heureusement, dans le ciel obscur, aussi loin que l'on pouvait voir, rien ne venait ternir le scintillement des étoiles.

Lorsque les loups tentèrent une nouvelle attaque, elle abattit un second animal. À nouveau, ce fut la curée sur le cadavre. La meute semblait avoir encore augmenté.

Anga avait perdu la notion du temps. Sans jamais perdre de vue les assaillants, elle n'avait d'yeux que pour la provision de bois et s'inquiétait de la voir diminuer si vite.

Soudain, une agitation anormale parmi les loups l'intrigua. Que se passait-il ? L'esprit aux aguets, retenant son souffle et le cœur rempli d'espoir, elle scruta les mille bruits de la nuit, avant de percevoir distinctement dans le lointain le martèlement de sabots de chevaux. Elle poussa un cri de joie. Il ne pouvait s'agir que de son père et des chasseurs de la tribu. Elle était sauvée !

Troublés, puis inquiets, les loups se mirent à zigzaguer en sautillant frénétiquement. La lueur du feu guida les cavaliers et, subitement, Anga aperçut entre les arbres le scintillement des armes et des brides des chevaux. Des voix retentirent et, d'un coup, une volée de flèches s'abattit sur la meute. Le hurlement à la mort des animaux fut renvoyé en écho par les parois rocheuses et, telles des ombres, les quelques survivants disparurent dans la forêt.

Anga courut vers son père. Sadgoum avait mis pied à terre. Tchi-Sik était perché sur son épaule. Ses yeux jaunes luisaient dans la lumière du feu, il battait des ailes et poussait des cris rauques.

— Je vois que nous arrivons à temps, dit Sadgoum en posant la main sur l'épaule de sa fille. Es-tu blessée ?

Anga secoua la tête. D'un trait, elle lui raconta toute l'histoire.

— Papa, j'ai trouvé le cheval ! Il a été attaqué par des loups. Viens voir !

Sadgoum enjamba la ligne de feu sur le point

de s'éteindre et marcha vers le poulain blessé qui ne respirait plus que par saccade. Il se pencha et examina les blessures. Le cœur battant, Anga observait chacun de ses gestes. Enfin, Sadgoum se redressa, songeur.

— Quand un cheval a tenu tête à autant de loups, il est vraiment digne d'un khan, dit-il. Les blessures sont graves, mais il s'en tirera.

Rayonnante de joie, Anga demanda à son père :

— Et maintenant, qu'allons-nous faire ?

— Il est trop faible, répondit son père. Nous ne pouvons le ramener au campement. Je vais rester ici pour m'occuper de lui.

— Dans ce cas, je reste avec toi ! dit Anga.

— La nuit est encore longue, fit remarquer son père. Les loups peuvent revenir.

— Je n'ai pas peur, s'écria fièrement Anga en secouant la tête.

Sadgoum hésita, puis dit en souriant :

— Bon, comme tu veux.

Les chasseurs décidèrent d'un commun accord de rester tous ensemble auprès de l'animal blessé pour pouvoir parer à une nouvelle attaque des loups. Ils commencèrent par couper du bois, allumèrent un grand feu et réchauffèrent dans des gourdes en cuivre le thé qu'ils avaient emporté. Anga, quant à elle, nettoyait les blessures du poulain avec de l'eau chaude. Au début, méfiant, l'animal se raidit, mais il sembla bientôt comprendre qu'on ne lui voulait que du bien et se laissa faire sans bouger.

— Je ne vois aucun marquage au fer, dit Sadgoum, après avoir examiné le pelage du cheval. Mais il se peut que les morsures des loups l'aient fait disparaître.

— Moi, je suis sûre qu'il n'en a jamais eu ! tempêta Anga. Khan m'appartient ! À personne d'autre que moi !

— Puissent les dieux être d'accord, répliqua Sadgoum. Ce cheval, tu l'as bien mérité.

Une grande partie de la nuit, Sadgoum et sa fille se relayèrent pour soigner l'animal. Malgré ses efforts pour surmonter sa fatigue, Anga commençait à chanceler. Son père exigea qu'elle se repose. Après avoir trouvé un coin près du feu, elle s'enveloppa dans un sac de couchage et s'endormit aussitôt. Les hommes, eux aussi, avaient fait cercle autour du feu dans leur sac de couchage. Mais ils passèrent la nuit à monter la garde.

Quand Anga se réveilla, le jour pointait. Encore engourdie de sommeil, elle porta autour d'elle un regard étonné, ne sachant plus pourquoi elle était allongée en plein air. Il faisait très froid. Des bancs de brume défilaient lentement le long des parois rocheuses.

Anga se souvint alors. La découverte du poulain blanc, le combat contre les loups. Aussitôt, elle se redressa et n'en crut pas ses yeux. Le cheval était debout! Encore faible, il vacillait légèrement sur ses jambes, comme s'il n'avait jamais appris à mettre un sabot devant l'autre. Mais, il était debout!

Se dégageant prestement de son sac de couchage, Anga courut vers son père qui l'accueillit d'un large sourire.

— La fièvre est tombée, dit-il.

Le cœur d'Anga tressautait de joie. À pas lents, elle marcha vers le cheval blanc qui leva la tête et la regarda de ses grands yeux noirs, humides et luisants. Retenant sa respiration, Anga tendit doucement le bras. Le poulain tressaillit et fit un écart, sans toutefois la quitter des yeux. Anga renouvela son geste et caressa l'encolure de l'animal. Cette fois, le poulain ne chercha pas à se dérober.

Chapitre 3

L'hiver était très rude cette année-là. Des tempêtes secouaient les tentes comme pour les arracher du sol. Sous leur capuchon de neige, les yourtes ressemblaient à de gigantesques taupinières blanches. Dans les enclos, les chevaux, tête basse, se raidissaient sur leurs jambes pour résister aux bourrasques.

Sans se soucier du froid et de la tempête, Anga allait chaque jour chercher Khan dans l'enclos. Les blessures étaient désormais cicatrisées. Le cheval, manifestement très intelligent, avait vite appris à reconnaître la voix d'Anga. Dès qu'elle l'appelait de loin par son nom, il accourait vers elle au petit trot, sa belle crinière volant au vent. Il longeait la clôture, puis, tout à sa joie de voir Anga, il écartait fièrement les autres chevaux. Anga grimpait d'un bond sur la barre de l'enclos, enlaçait doucement son encolure et lui parlait.

Au plus fort de l'hiver, les bandes de loups que la faim rendait plus téméraires s'aventurèrent jusqu'aux palissades du campement. Des hommes étaient obligés de monter la garde en permanence. Chaque nuit, un grand nombre de loups périssaient sous les flèches, mais de nouvelles bandes, avides de sang, surgissaient le lendemain.

Quand enfin le printemps arriva, les loups se retirèrent dans leurs antres au cœur des montagnes. Mais la neige se maintint encore longtemps. Avec la sécheresse de l'air, elle se transforma en cristaux que les vents balayaient, soulevant de grands voiles blancs. De gros nuages chargés de pluie défilaient lentement dans le ciel. La rivière charriait des blocs de glace, étincelant dans la lumière du soleil. Son lit était plein à ras bord. Ses eaux, aussi pures que le cristal, clapotaient et gargouillaient en sillonnant les prairies.

Au cours de l'hiver, Anga avait grandi. Sa silhouette était devenue plus féminine, son visage s'était affiné. Mais ses joues avaient gardé leur douce rondeur et ses yeux pétillants étaient plus joyeux et plus téméraires que jamais.

Il lui avait fallu une patience infinie pour venir à bout des ruades du cheval blanc et l'habituer, jour après jour, à la contrainte de la selle, des brides et du mors. Elle avait eu encore plus de mal à l'habituer à la monte. Que de fois il s'était rebellé et l'avait désarçonnée au cours de ces séances de dressage! Mais Anga avait de la patience et sa main, bien que douce, savait se montrer ferme. Son amour pour l'animal était inépuisable. Peu lui importait d'être propulsée dans les airs. Elle savait tomber sans se faire mal. Quant aux innombrables bleus, elle n'en avait cure. Son plus grand bonheur fut le jour où le superbe cheval la porta patiemment et se laissa guider sans broncher. Depuis, elle chevauchait quotidiennement à travers la steppe, le faucon perché sur son épaule. Son père la suivait des yeux avec fierté. Khan avait une démarche merveilleusement souple et douce, ses sabots semblant à peine toucher le sol : on aurait dit qu'il volait.

Khan portait encore à l'encolure et sur le corps les marques de ses blessures, mais Anga les nommait fièrement les « cicatrices de la victoire ». Chaque jour, elle conduisait sa monture au bord de la rivière, elle lavait et étrillait longuement son pelage jusqu'à ce qu'il soit aussi doux que la soie et aussi chatoyant qu'une perle de nacre. Elle frottait les sabots pour les rendre brillants et tressait dans la crinière blanche des cordelettes en laine rouge. Avec sa maîtresse, Khan était patient et docile. En revanche, il demeurait méfiant envers toute autre personne. Si quelqu'un voulait le toucher ou même seulement le caresser, il s'esquivait violemment et lançait des ruades. Anga jubilait et éclatait de rire en voyant que personne ne pouvait approcher son fier animal.

Un jour, alors qu'elle revenait d'une chasse matinale avec son père, un messager de Djalseraï, le chef de la tribu, lui fit savoir que ce dernier l'attendait sous sa tente. Interloquée, elle échangea un regard avec son père. Celui-ci lui fit un signe de la tête. Alors, sans rien dire, Anga obtempéra. Que lui voulait donc Djalseraï?

Timidement, mais sans crainte, Anga pénétra dans la grande tente du chef de la tribu. Le feu au milieu de la yourte éclairait d'une lumière chaude les parois en soie rouge et les épaisses fourrures sur le sol. Tout le long de la tente se trouvaient des coffres en bois sculpté et, dans un coin, Anga vit un jeu d'échecs avec des pièces taillées dans l'ivoire.

Djalseraï trônait sur un siège en hauteur, recouvert d'une couverture en peau de buffle. Il était trapu, massif, et son visage cuivré était traversé par une longue cicatrice – un coup de sabre lui avait tranché la joue lors d'un duel dans sa jeunesse. Un de ses yeux clignotait en permanence.

Djalseraï n'était pas seul. Ses filles Chour et Darmina étaient assises près de lui sur des coussins. Leurs longues vestes brodées d'argent, fendues sur les côtés, laissaient apparaître de larges pantalons en soie noire. Des pendeloques de corail et d'argent dansaient autour de leur cou. Les deux enfants gâtées dévisageaient la visiteuse d'un air assez méprisant et se poussaient du coude en pouffant de rire. Les filles du chef de la tribu étaient pétries d'orgueil. Anga n'était que la fille d'un chasseur !

Djalseraï leva la main.

— Approche-toi, Anga, fille de Sadgoum ! lui dit-il d'un ton bienveillant.

Les yeux baissés, comme l'exigeait la politesse, Anga fit quelques pas vers lui. Elle portait encore sa tenue de chasse, un pantalon et une veste courte en cuir, des bottes en feutre à la pointe retroussée.

— Nous savons que tu as capturé un poulain blanc, commença Djalseraï en se grattant le menton, l'air songeur. Les chevaux blancs sont rares et de grande valeur. J'ai observé celui-ci dans la plaine. C'est un superbe animal.

Gardant le silence, Anga inclina la tête. Où Djalseraï voulait-il en venir ?

— Tu l'as dressé toi-même ? Est-il intelligent ?

— Oui, dit Anga, se contraignant à ne pas fixer l'œil clignotant.

Djalseraï se pencha en avant. D'un geste lent, il prit une fourrure de zibeline étalée à ses pieds. La lueur des flammes donnait à la longue houppelande, constituée de plusieurs peaux, un reflet argenté. Djalseraï la regarda en connaisseur.

— Cette fourrure est digne d'un prince. Elle vaut dix fois ton cheval. Mais je te l'offre en échange de ton cheval blanc.

Il s'arrêta, toujours clignotant d'un œil, puis reprit d'une voix sèche :

— Mes filles souhaitent posséder cette bête. Or, je ne peux rien refuser à ces jeunes et jolies dames !

Chour et Darmina gloussèrent. Leurs dents étincelaient comme des perles. Chour, la plus jeune, s'inclina vers son père et lui caressa la main tout en regardant Anga avec insistance, l'air de dire : tu n'oseras quand même pas t'opposer à un ordre de mon père !

Anga se tut, comme paralysée. La foudre tombant à ses pieds n'aurait pu l'effrayer davantage. Elle serra les mains l'une contre l'autre pour masquer ses tremblements.

— Céder… Khan ? bredouilla-t-elle enfin. Mais…, mais ça m'est impossible, Maître !

À ces mots, Chour se leva d'un bond. Ses pendeloques s'entrechoquèrent, lançant de petites étincelles de lumière.

— Quel toupet ! s'écria-t-elle. Comment peux-tu tenir tête à mon père ?

— Je prie le khan et ses filles de bien vouloir m'excuser ! répliqua calmement Anga, avec une pointe de fierté dans la voix, mais c'est impossible. Je ne peux pas vendre mon cheval.

Djalseraï fronça les sourcils.

— Tu rejettes mon offre ? Réfléchis donc un peu, tête de bois ! Ce que je te propose en échange a bien plus de valeur que ton cheval ! À moins que ça ne te suffise pas ? Veux-tu en plus des bijoux ? J'ai ici de superbes bracelets en jade et…

— Maître…

Anga eut du mal à prendre la parole et s'efforça de parler d'une voix ferme.

— Même si tu me donnais cent peaux de zibeline… et cent caisses remplies de bijoux, je ne pourrais pas me séparer de Khan. Ça serait… ça serait comme si tu me demandais de me trancher un bras ou une jambe d'un coup de hache. Khan est désormais une part de moi-même ! Je ne veux pas le vendre. Non, jamais !

Anga s'interrompit subitement, effrayée par sa propre audace. Cette fois, ce fut Darmina qui se leva, les yeux étincelants de colère. Elle était visiblement habituée à ce que le moindre de ses caprices soit exaucé.

— Papa ! Sommes-nous vraiment obligés d'écouter ce discours stupide ? Tes ordres sont des ordres. Il faut qu'elle nous donne ce cheval !

Le visage déformé par la rage, elle marcha vers Anga.

— Tu n'as pas le droit de dire non ! Ton père n'est qu'un chasseur !

D'un geste de la main, Djalseraï lui demanda de se taire.

— Calme-toi, ma fille ! D'après les lois de notre peuple, chacun est en droit de revendiquer son bien. Si Anga ne veut pas vendre le cheval, je ne peux pas l'y contraindre.

Les deux filles firent entendre des hurlements de déception.

Le cœur d'Anga battait fort. Le sang bourdonnait à ses oreilles. Abasourdie par la joie, elle demanda, incrédule :

— C'est bien vrai ? Je peux garder mon cheval ?

— Puisque tu tiens absolument à le garder, n'en parlons plus, grommela Djalseraï. Mais c'est bien la première fois de ma vie que j'entends pareille stupidité. Préférer un cheval à une fourrure de zibeline ! Et vous, maintenant, cessez de pleurnicher ! dit-il d'une voix agacée à ses filles qui gémissaient de plus belle. Vous n'aurez qu'à choisir d'autres chevaux dans le troupeau.

D'un geste de la main, il fit signe à Anga de se retirer. Elle s'inclina profondément et marcha à reculons vers la sortie, comme l'exigeait l'étiquette. À peine sortie, elle courut à toutes jambes vers l'enclos aux chevaux. Prenant appui sur ses deux mains, elle sauta par-dessus la barrière et se précipita vers Khan qui trottait d'un pas léger à sa rencontre. Enlaçant son cou, elle pressa sa joue contre ses naseaux tièdes et doux.

— Tu m'appartiens, Khan ! À moi seule ! Personne n'a le droit de t'enlever à moi, pas même les filles du chef! Personne! Tu comprends?

Quand, quelques instants plus tard, Anga regagna la yourte de ses parents, elle vit son père qui l'attendait, l'air inquiet. Mais dès que celui-ci vit le visage rayonnant de sa fille, ses traits se détendirent.

— Chour et Darmina voulaient acheter Khan. Djalseraï m'a proposé une grande fourrure de zibeline et des bijoux en jade, mais j'ai tout refusé, lui expliqua-t-elle d'un trait.

— Qu'a répondu Djalseraï? demanda Sadgoum avec un sourire légèrement crispé.

— Il a dit que personne, pas même le chef de la tribu, n'a le droit de me déposséder de mon cheval. Chour et Darmina étaient vertes de jalousie! Mais je peux garder Khan!

— Djalseraï est un homme sage, dit Sadgoum, acquiesçant d'un air soulagé.

Chapitre 4

Bientôt la steppe fut en pleine floraison. Une herbe touffue, de la couleur de l'émeraude, recouvrit la vaste plaine et les versants abrupts des montagnes. Des troupeaux de bouquetins sautaient d'une pente à l'autre, escaladant avec grâce les roches et les éboulis de pierre. Le long de la rivière fleurissaient à profusion des narcisses jaunes, des campanules bleues et des violettes blanches, et le ciel rayonnant de lumière bruissait du vol de nuées d'alouettes.

Pourtant, malgré cette gaieté printanière, un sentiment de malaise imprégnait l'atmosphère. L'air était singulièrement chaud et lourd. Le soleil couchant se figeait dans un halo d'un rouge mystérieux et, toute la nuit, on entendait hurler les chiens de garde dans les enclos aux bestiaux, comme s'ils sentaient la menace imminente d'un danger.

Les hommes s'alarmaient de ces signes. Désirant connaître la signification de ces manifestations insolites, Djalseraï décida de consulter le chaman.

C'était un homme de petite taille au visage anguleux, émacié, et son regard avait un éclat très singulier. La foule attendait devant la tente gardée par deux guerriers en armes, dans laquelle le chaman tenait ses cérémonies rituelles. Seuls Djalseraï et la plus vieille femme de la tribu, N'Goula, étaient autorisés à se tenir dans la yourte. Le chaman brûla différentes espèces d'encens au lourd parfum et récita ses prières en se balançant d'avant en arrière et en les accompagnant de gestes invocateurs, puis il huma une poudre à base de graines de pavots blancs et plongea presque aussitôt dans un profond sommeil. Il ne se réveilla qu'au coucher du soleil, si faible qu'il eut besoin de Djalseraï et de N'Goula pour se redresser de sa couche.

D'une voix étouffée, il se mit à parler.

— J'ai voyagé dans le royaume de l'au-delà. Des nuages d'orage aussi noirs que les ténèbres me cachaient le trône des dieux et, pendant que je marchais, des éclairs jaillissaient du sol sous mes pas. J'ai entendu une voix puissante me dire : « Prends garde, fils de la steppe ! Le dragon qui sommeille dans les profondeurs de la terre va se réveiller dans des coups de tonnerre. Il secouera son corps gigantesque et, de sa queue énorme, il fouettera la terre. Des nuages de soufre recouvriront les montagnes et les fleuves sortiront de leur lit. Quand le ciel retentira des cris des oiseaux, la misère et la désolation s'abattront sur le peuple mongol… »

Puis le chaman se tut. Il était épuisé. Son visage était baigné de sueur. N'Goula versa de l'eau dans une coupe en argent et le soutint pour qu'il puisse boire.

Songeur, Djalseraï quitta la yourte. Des centaines d'yeux inquiets fixèrent son visage, empreint d'une profonde gravité. D'une voix forte, afin que ses paroles soient entendues de tous, il annonça la réponse des dieux. La foule, interloquée, écouta le message, puis chacun repartit en silence.

Le soleil luisait comme de la braise entre les cimes teintées de rouge des montagnes.

Quelques jours plus tard, une troupe de voyageurs s'approcha du campement. C'étaient des membres de la puissante tribu Chahar. Ils montaient des petits chevaux pleins de vivacité, marchant d'un pas joyeux. Les animaux avaient des harnachements luxueux et portaient des rubans multicolores dans leurs crinières. Accompagné de quinze guerriers, le khan Naïdoung Djaman revenait avec son épouse Yashigema et son fils Bantje d'un pèlerinage au «Temple de la Princesse». Ce sanctuaire, appelé également «Khatoum Soumé», était situé haut dans les montagnes et, chaque année, au printemps, les représentants des différentes tribus mongoles venaient y déposer leurs offrandes.

Djalseraï accueillit les hôtes avec toute la déférence due à leur rang, car la tribu des Chahars était la plus prestigieuse et la plus puissante de tous les peuples de la Mongolie septentrionale.

Le khan était un homme d'une cinquantaine d'années à la stature imposante, dont la poitrine était couverte d'une cuirasse en argent ciselé. Sa femme, d'origine caucasienne, comme le laissaient deviner les traits ovales et clairs de son visage, était beaucoup plus jeune. Ses cheveux noirs, retenus par une barrette en jade, formaient un épais chignon, bas sur la nuque. Elle était vêtue d'une veste de cavalière en soie verte et chaussée de bottes à pointe, brodées de fils d'or.

Leur fils, Bantje, âgé de dix-huit ans environ, avait le teint couleur bronze caractéristique de ces peuples de cavaliers. Le nez aquilin et les larges pommettes rappelaient l'ascendance paternelle mongole, mais le sang maternel caucasien resurgissait dans sa silhouette élancée et surtout dans la couleur de ses yeux, non pas noirs, mais verts comme l'eau des torrents. Il portait une veste courte doublée de peau de martre et un pantalon en peau de cerf. Un grand arc pendait à son épaule et son carquois était rempli de flèches aux hampes ornées de plumes.

Bantje sauta de son cheval, tendit les rênes à un guerrier et alla vers sa mère pour l'aider à son tour. Son attitude, courtoise, avait aussi quelque chose d'arrogant et trahissait la suffisance d'un jeune homme de haute lignée.

La femme de Djalseraï et ses filles attendaient devant l'entrée de la tente réservée aux hôtes afin de saluer les visiteurs. Perdue au milieu de la foule, Anga remarqua que Chour et Darmina avaient poudré leur visage, souligné leurs sourcils d'un long trait noir et s'étaient parées de leurs plus beaux atours : elles croulaient presque sous le poids de leurs bijoux en corail et en argent!

Un simple mouvement de la tête de Bantje, et un guerrier de l'escorte s'approcha auquel il tendit son arc et son carquois. Il s'inclina devant les filles du chef de la tribu, avant de leur décocher un large sourire moqueur. Chour et Darmina baissèrent pudiquement les yeux, riant sous cape en dissimulant leur visage derrière les manches amples de leurs vêtements d'apparat.

Anga observait avec mépris le comportement ridicule des deux filles : bien sûr, des jeunes filles en âge de se marier avaient toutes les raisons de vouloir attirer sur elles l'attention d'un jeune homme. Mais comment penser que le fils d'un des princes les plus puissants de la Mongolie se laisserait séduire par le charme niais de deux oies blanches? Pourtant, Anga voyait bien que Bantje prenait plaisir à ces jeux puérils. «Quelle arrogance et quelle prétention, pensa intérieurement Anga. On dirait un paon faisant la roue!»

Après avoir annoncé de sombres prophéties, le chaman avait conseillé le jeûne afin d'apaiser la colère des dieux. Mais Djalseraï avait décidé de célébrer dignement la visite de ses hôtes de marque et donna des ordres pour que soit organisée une grande fête. Il conduisit le khan et sa famille dans la tente où on leur servit du thé chaud et de l'alcool de riz, tandis que les hommes de l'escorte vaquaient dans le campement et plaisantaient avec les filles.

Perdue dans ses pensées, Anga se tenait à l'écart. Elle était morose. Jusqu'alors, un événement aussi inhabituel aurait suscité sa curiosité et elle aurait fait preuve de la même excitation, de la même fébrilité que toutes les autres jeunes filles. Mais aujourd'hui, toute cette agitation la laissait étrangement froide, voire l'agaçait. Elle éprouvait le besoin d'être seule.

Se frayant un chemin à travers la cohue, elle gagna la yourte de ses parents. Tchi-Sik, perché sur un des piquets soutenant la tente, vint se poser sur l'épaule de la jeune fille.

— Viens! lui dit-elle d'une voix forte. On va chasser.

Dans l'enclos aux chevaux, Khan était nerveux et lançait des ruades. Était-ce la foule, les chevaux des visiteurs? Anga s'empressa de le seller, sauta sur son dos et partit d'un trot rapide dans la plaine.

Mais le malaise ne faisait que croître dans le cœur de la jeune fille. Le soleil au-dessus de la plaine brûlait impitoyablement. Il n'y avait pas le moindre souffle de vent. L'air surchauffé entrait en vibrations. Les sommets des montagnes étaient enveloppés d'une brume bleuâtre.

Le visage en sueur, les nerfs à vifs, Anga eut pour la première fois le pressentiment d'un danger imminent, invisible et mystérieux, menaçant le pays tout entier. Jusqu'à présent, la nature lui était apparue comme un élément bienfaisant. Pourquoi, aujourd'hui, lui faisait-elle soudainement si peur? Les prophéties du chaman lui revinrent à l'esprit. «Le dragon qui sommeille dans les profondeurs de la terre va se réveiller dans des coups de tonnerre. Il secouera son corps gigantesque et, de sa queue énorme, il fouettera la terre. Des nuages de soufre recouvriront les montagnes et les fleuves sortiront de leur lit…»

Prononçant à mi-voix les paroles, Anga cherchait, mais en vain, à en deviner le sens. Malgré la forte chaleur, un frisson la parcourut.

Khan, lui aussi, donnait des signes d'impatience. Une fois, sans raison apparente, il fit brutalement un écart, puis partit au galop comme un fou dans la vaste plaine, soufflant et écumant. Anga eut de la peine à maîtriser l'animal survolté.

— Calme-toi, Khan, lui dit-elle, tapotant son encolure. Que se passe-t-il ? Que sens-tu ?

Khan tremblait de tout son corps. Des frissons parcouraient son pelage couvert de sueur. Anga posa la main sur son front humide.

« Qu'est-ce qui peut donc l'effrayer autant ? songeait-elle. Et pourquoi suis-je moi-même aussi angoissée ? »

Chapitre 5

Au coucher du soleil, Anga revint vers le campement. De loin, elle apercevait déjà la lueur des flammes, elle entendait la musique et les applaudissements. La fête avait commencé et les filles du chef de la tribu dansaient devant les hôtes.

Arrivée près des palissades, Anga sauta à terre et tira son cheval par les rênes. Hommes, femmes et enfants, tous se tenaient devant la grande tente au milieu du campement. Le grand khan et sa famille étaient assis sur des coussins en soie. Devant eux, Chour et Darmina dansaient au son des harpes et des tambours, le visage et les mains décorés de dessins traditionnels. Elles se mouvaient comme les roseaux dans le vent et leurs bras imitaient le battement d'aile des cygnes sauvages.

Poussée par la curiosité, Anga s'approcha afin de mieux voir les danseuses par-dessus les têtes des spectateurs. Soudain, une silhouette se détacha de la foule et courut vers elle. Étonnée, elle reconnut sa mère. Malgré sa tenue de fête et sa chevelure soigneusement retenue dans la nuque, elle semblait totalement paniquée.

— Anga! chuchota-t-elle. Tu es enfin là! Pourquoi es-tu partie? Viens! Viens vite.

— Maman! s'exclama Anga, intriguée. Que se passe-t-il?

Se penchant vers Anga, Nirma lui glissa, haletante:

— Au cours du festin, Djalseraï, le chef de la tribu, a parlé de toi au grand khan...

— De... de moi? bégaya Anga qui n'en croyait pas ses oreilles.

— Oui. Il a raconté que tu avais refusé d'échanger ton cheval contre une fourrure de zibeline. Le grand khan a éclaté de rire et s'est écrié: «Voilà une fille courageuse qui sait ce qu'elle veut! Où est-elle? Je veux la voir!» Aussitôt, Djalseraï m'a fait signe d'aller te chercher, mais pas moyen de te trouver. Djalseraï semblait fort mécontent de ta disparition. Il m'a ordonné de te conduire au grand khan dès ton retour.

— Mais, pourquoi..., commença à dire Anga.

— Ce n'est pas le moment de poser des questions, mon enfant, dit Nirma, entraînant sa fille par la main. C'est un tellement grand honneur pour nous. Ah, si au moins tu avais eu le temps de changer de vêtements! Et ces cheveux en désordre! Mais viens, viens vite! Nous ne pouvons pas faire attendre davantage le grand khan!

Abasourdie, Anga suivit sa mère. Elle tenait toujours sa monture par les rênes. Jouant des coudes, Nirma se fraya un passage à travers la foule et poussa Anga devant elle.

Chour et Darmina dansaient, de grands voiles de soie rouge tournoyaient autour d'elles. Djalseraï et sa femme rayonnaient de fierté. Le khan des Chahars, lui, ne semblait pas particulièrement captivé. Il avait retiré sa cuirasse et, l'air songeur, buvait du vin de riz dans une coupe en argent. Derrière un sourire figé, sa femme donnait aussi l'impression de s'ennuyer, abandonnée au milieu de coussins à une douce somnolence. Elle jouait avec sa bague, observant les danseuses avec condescendance.

Seul le prince Bantje avait l'air de s'amuser. Une coupe à la main, il suivait le spectacle d'un regard enjoué et scandait la mesure de la pointe de sa botte.

Soudain, son regard tomba sur Anga. Elle se tenait à côté de son cheval, la tête droite. L'expression du visage du prince changea. Oubliant les danseuses, il dévisagea la jeune fille.

Sans se départir de son calme, Anga soutint son regard. On aurait pu croire à de la provocation. En fait, elle était plongée dans ses pensées, se demandant ce qu'il pouvait bien lui vouloir. Bantje plissa le front et Anga comprit alors que ce n'était pas elle qu'il regardait, mais son cheval dont la longue crinière, à la lumière du feu, prenait des reflets dorés. Anga aurait souhaité s'enfuir, disparaître. Mais elle resta, immobile, comme ensorcelée. Ses mains se crispèrent sur les rênes et son cœur tambourina dans sa poitrine.

Bantje se leva. Tous les regards se portèrent sur celui qui, sans vergogne, perturbait la fête. Les musiciens cessèrent de jouer. Les deux jeunes danseuses, interloquées, perdirent le rythme et laissèrent retomber leurs voiles rouges. Khan Naïdoung Djaman fronça les sourcils.

— Que se passe-t-il ? grommela-t-il.

Sans prendre la peine de répondre, Bantje avança lentement vers Anga, le regard à la fois irrité et étonné. Puis, d'un ton plein d'arrogance, il demanda :

— D'où te vient ce cheval ?

Anga s'efforça de ne pas perdre son calme et répondit d'une petite voix :

— Noble seigneur, je l'ai trouvé dans les montagnes. C'était un cheval sauvage. Je l'ai dressé et...

Bantje ne lui laissa pas le temps de terminer sa phrase. Ses yeux verts étincelants de colère, il s'écria :

— Ce cheval m'appartient ! Je l'ai choisi moi-même dans les troupeaux de mon père ! Un soir, une avalanche l'a effrayé, et il s'est enfui. Je n'ai jamais pu le retrouver.

Il parlait d'une voix forte et assurée. La foule, agglutinée autour d'Anga et du jeune prince, goûtait visiblement cet échange insolite. Parmi eux, Anga remarqua son père. Le visage de Sadgoum semblait extrêmement soucieux.

— Père ! s'écria Bantje. C'est mon cheval !

Sa voix furieuse était celle d'un enfant gâté,

habitué à voir tous ses désirs exaucés et qui éclate de colère à la moindre résistance. Anga le comprit sur-le-champ et ne vit bientôt plus en lui qu'un gamin prétentieux voulant lui ravir son cheval.

— Ce n'est pas vrai! lança-t-elle, furibonde. Il ne porte même pas de marque!

Le brouhaha des conversations s'interrompit et un pesant silence s'abattit sur le village de tentes, si lourd que l'on percevait les derniers craquements du bois se consumant. Comment cette misérable fille pouvait-elle parler sur ce ton à un prince? Une telle insolence méritait la bastonnade! Tous les regards se tournèrent vers Naïdoung Djaman, s'attendant à voir tomber de ses lèvres l'ordre d'exécution du châtiment. Or le khan des Chahars garda le silence. Son visage impénétrable semblait taillé dans la pierre.

Bantje, lui, était à la fois furieux et décontenancé. Si Anga avait fait preuve d'humilité et avait imploré sa grâce, il l'aurait sans doute écartée avec mépris et se serait emparé du cheval sans autre forme de procès. Mais l'attitude combative d'Anga et la fierté de cette jeune fille l'impressionnaient. Il devinait en elle un adversaire à sa hauteur.

— Tu mens ! Ce cheval a un marquage juste en dessous de l'encolure !

Anga le défia.

— Prouve-le !

Le regard étincelant, ils se mesuraient l'un à l'autre. Ils étaient désormais des ennemis jurés. Bantje fit un pas vers Khan. Mais celui-ci eut une réaction de méfiance et recula en piaffant. Le prince, sûr de ce qu'il avançait, rattrapa le cheval et posa la main sur son encolure.

— Là… !

Aussitôt il s'interrompit et ajouta :

— Qu'est-ce que c'est ?

— Des cicatrices ! répliqua sèchement Anga. Le cheval a été attaqué par des loups. Quand je l'ai trouvé dans la neige, il était couvert de morsures. J'ai dû allumer un feu pour maintenir les loups éloignés. Après, mon père et moi avons soigné Khan toute la nuit.

C'est à peine si Bantje l'écoutait. Il palpait fébrilement l'encolure du cheval de ses longues mains brunes.

— Mais, la marque… elle était là ! J'en suis absolument sûr ! C'est moi-même qui l'ai faite ! À moins que… mais oui, je comprends maintenant. Les morsures des loups l'ont fait disparaître ! Tiens, ici… je sens parfaitement une longue cicatrice. Regarde !

Surexcité, Bantje regardait autour de lui, dans l'espoir d'une parole ou d'un hochement de tête approbateur. Mais son regard ne rencontrait que des visages hostiles et fermés.

— Père, tu as vu aussi bien que moi ! Tu sais que je dis la vérité !

Le visage impassible, Naïdoung Djaman acquiesça.

— C'est vrai. Il me semble à moi aussi que ce cheval pourrait être le tien. Mais tout le monde peut se tromper. Si le cheval ne porte aucune marque, tu n'as pas le droit d'affirmer qu'il t'appartient.

— Mais je suis absolument persuadé que c'est mon cheval !

Perdant le contrôle de lui-même, il arracha les rênes des mains d'Anga. Furieuse, la jeune fille se jeta au cou de son cheval.

— Non, Khan m'appartient !

Hors de lui, Bantje voulut écarter Anga de force, mais elle ne se laissa pas faire. Pendant quelques secondes, ils luttèrent ainsi sans dire un mot, ne voulant céder ni l'un ni l'autre.

Naïdoung Djaman perdit patience et fronça les sourcils.

— Prince Bantje, dit-il d'un ton sévère, veux-tu offenser nos hôtes ?

Bantje, devant l'air courroucé de son père, garda le silence et baissa la tête, la mine renfrognée. Ses joues étaient écarlates.

C'est alors que la foule s'écarta et qu'un homme s'avança lentement vers le centre de la tente. À sa grande surprise, Anga reconnut son père. Aussitôt son cœur se remplit d'une folle espérance : tout allait bien se passer. Son père lui venait en aide !

Sadgoum se dirigea vers le khan des Chahars et s'inclina profondément.

— Pardon, ô puissant khan, mais cette jeune personne est ma fille et j'estime de mon devoir d'intervenir.

Après avoir dévisagé l'homme, le khan lui fit un signe de la tête.

— Parle ! dit-il.

— Si ton fils croit reconnaître ce cheval comme étant le sien, c'est sans doute que ses yeux sont plus clairvoyants que les nôtres. Il est donc inutile de troubler la fête plus longtemps.

Tout le sang se retira du visage d'Anga.

— Papa ! murmura-t-elle d'une voix étranglée.

Sadgoum se tourna vers sa fille. Son visage trahissait la douleur, mais également une détermination inébranlable. L'ordre qu'il donna fut bref.

— Anga, rends le cheval au prince!

Anga fixait son père. Bien qu'ayant parfaitement entendu ses paroles, elle ne voulait pas comprendre. Sadgoum posa la main sur son épaule comme si, par ce simple contact, il voulait lui donner du courage.

— Je sais que c'est dur pour toi. Mais il faut que justice se fasse. Nul n'a le droit d'accuser le fils du khan de mensonge. Ce cheval lui appartient. Il faut le lui rendre.

Les traits déformés par la douleur, Anga regarda d'abord son père, puis le prince Bantje. Le jeune homme demeurait immobile et attendait. Anga sentit monter des larmes de désespoir, elle sentit qu'elle allait éclater en sanglots là, aux yeux de tous, devant le prince...

— Je ne peux pas, cria-t-elle. Je ne peux pas.

— Obéis! dit son père, d'un ton sans réplique.

Anga se mordit les lèvres. Elle renversa violemment la tête en arrière. Son regard croisa celui du prince et ils restèrent ainsi un instant sans broncher. Le prince, le premier, baissa les paupières. À ce moment-là seulement, Anga lui tendit d'un geste hautain les rênes du cheval blanc. Bantje sembla hésiter. Mais Anga avait déjà fait volte-face et s'enfuyait en courant. La foule s'écarta en silence pour la laisser passer. Puis le cercle se reforma derrière elle.

Chapitre 6

Sadgoum souleva la lourde tenture en feutre et entra dans la yourte. Il semblait fatigué. À la lueur des dernières braises de l'âtre, les rides de son visage paraissaient plus profondes encore.

Anga était recroquevillée sur la peau d'ours. On ne voyait que ses minces épaules et la ligne cuivrée de sa nuque.

Le cœur triste, Sadgoum se pencha sur sa fille et posa la main sur son épaule. Anga tressaillit, leva la tête. Elle était pâle et ses yeux brillaient d'une fièvre étrange, trahissant un désespoir incommensurable. Pourtant, elle ne pleurait pas. Reconnaissant son père, elle fit un geste pour écarter sa main.

— Laisse-moi! dit-elle d'une voix rauque.

— Anga, répondit doucement Sadgoum, je sais ce que tu ressens. Crois-moi, je souffre autant que toi.

— Laisse-moi! répéta Anga entre ses dents.

— Je devais le faire, insista Sadgoum. Le prince a encore l'impulsivité de la jeunesse. Par sa faute et par la tienne, la paix entre nos deux peuples risquait d'être compromise. Il ne le fallait pas.

Anga se redressa et regarda son père droit dans les yeux.

— Tu lui as donné Khan parce qu'il est un prince et que je ne suis qu'une pauvre fille des steppes. C'est la vérité, n'est-ce pas?

— En partie, oui. Mais je n'aurais pas agi ainsi si je n'avais pas été sûr que le prince disait la vérité.

Anga trembla d'indignation et d'étonnement.

— Quoi!… Parce que tu l'as cru?

— Oui, répondit Sadgoum. Ses yeux disaient vrai. Ce cheval lui appartient sans aucun doute.

Anga refusa de se rendre. Et quand même ce serait mille fois exact! C'était elle qui avait trouvé Khan! C'était elle qui l'avait sauvé, qui avait pansé ses plaies et l'avait protégé des loups au péril de sa propre vie! Enfin, c'était elle qui l'avait dompté, l'avait dressé, jour après jour, avec tant d'amour et de persévérance ! Et maintenant, elle devrait l'abandonner à cet inconnu ? Quelle cruauté ! Quelle injustice ! « Je voudrais mourir, songea Anga, en proie au plus profond désespoir. Oui, je voudrais mourir ! »

— J'ai encore quelque chose à te dire, poursuivit Sadgoum, d'une voix hésitante. Le prince m'a chargé de te transmettre toutes ses excuses.

Stupéfaite, Anga releva la tête. Elle n'était pas sûre d'avoir bien compris.

— Il s'excuse... lui ?

— Il m'a également donné ça pour toi... pour te remercier d'avoir soigné Khan...

Se penchant vers sa fille, il ouvrit la main. Anga aperçut alors une broche en ambre, en forme d'étoile à six branches. Elle s'en empara. La broche était lourde et froide. Perdue dans ses pensées, Anga tournait et retournait le bijou. Elle finit par murmurer :

— J'ai donné mon cheval au prince. De quel droit se permet-il de m'humilier ainsi ?

Elle projeta violemment le bijou à travers la yourte. L'étoile tomba dans les cendres encore chaudes de l'âtre. Dans la pénombre, les six branches luirent faiblement.

Anga se laissa retomber sur sa couche. Des

mèches de cheveux masquaient son visage. Sadgoum la regarda longuement sans rien dire.

Anga attendit que ses parents soient plongés dans un profond sommeil et se leva sans faire de bruit. Pieds nus, les cheveux dénoués, elle se glissa hors de la tente et traversa le campement endormi jusqu'à l'enclos aux chevaux. Khan était là. Son pelage prenait des reflets bleuâtres sous l'éclat de la lune et sa crinière argentée dissimulait en partie ses yeux sombres. Il leva la tête, agita doucement les oreilles, puis avança lentement vers la barrière. Anga lança les bras autour de son cou et, toute tremblante, s'appuya contre le corps chaud. Sa peine était si grande qu'elle tenait à peine sur ses jambes. Soudain, ses yeux se remplirent de larmes qui roulèrent sur ses joues, sans qu'Anga cherche à les essuyer. De toute façon, personne ne l'observait. Elle était seule. Enfin, enfin elle pouvait pleurer !

— Khan, sanglota-t-elle. Oh, Khan ! Nous ne serons pas longtemps séparés l'un de l'autre, je te le promets ! Un jour, je te retrouverai et je t'enlèverai ! Et si le prince ose te fouetter ou te monter avec des éperons, alors jette-le par terre ! Piétine-le ! S'il en meurt, tant mieux ! Oh, comme j'aimerais que cela arrive !

Chapitre 7

Au lever du jour, Naïdoung Djaman quitta le campement avec son escorte. De la yourte, Anga perçut les ordres brefs du départ et le martèlement de sabots des chevaux. Elle se mordit jusqu'au sang pour ne pas hurler de rage. Lorsque le piétinement des chevaux se fut éloigné, puis évanoui, Anga respira profondément, ses muscles se détendirent. Elle ferma les yeux, tant elle se sentait lasse, si lasse, comme après une grave maladie.

Quelques instants plus tard, elle tenta de se ressaisir. Face au regard inquisiteur de sa mère, elle esquissa un faible sourire. Elle se rinça la bouche à l'eau tiède, tressa avec soin ses cheveux, puis revêtit sa veste de chasse en cuir. Quand Sadgoum, qui était allé saluer les hôtes, revint dans la yourte, Anga le regarda calmement.

— Comment... comment ça s'est passé? demanda-t-elle d'une voix atone.

— Khan ne voulait pas partir, dit Sadgoum, s'efforçant de parler d'un ton indifférent. Au moment où le prince Bantje a voulu lui passer le mors, il l'a projeté contre la barrière.

Le visage d'Anga s'illumina de joie.

— Personne ne peut monter Khan! Il n'accepte que moi!

Sadgoum prit des mains de sa femme un gobelet rempli de thé. Il comprit qu'il fallait mettre un terme au plus vite à cette affaire.

— Le prince finira bien par en venir à bout, répliqua-t-il. Ce jeune homme est très habile. Quand il a vu que Khan ne voulait pas se laisser seller, il n'a pas insisté et l'a emmené à la longe.

D'un coup, l'expression de joie sur le visage d'Anga disparut. Elle s'assit sur le sol près du feu, cala la tête dans ses mains et, d'un air triste, regarda fixement devant elle.

— Veux-tu du thé? proposa doucement Nirma.

Anga se contenta de hocher la tête. Elle n'avait plus envie de rien.

— Pourquoi ne choisirais-tu pas un autre poulain? suggéra Sadgoum. Il y a peu de temps, j'en ai vu un qui te plairait sûrement.

— Non, répliqua Anga sèchement. D'ailleurs, je ne veux plus qu'on me parle de tout ça.

Anga se leva brusquement, s'immobilisa un instant à l'entrée de la tente et cligna des yeux, aveuglée par les premiers rayons du soleil. Puis, feignant une totale indifférence, elle alla flâner dans le campement, évitant toutefois soigneusement l'enclos aux chevaux. Émus de son sort, les nomades s'interrogeaient sur son passage et se murmuraient des choses à l'oreille. Alors Anga accélérait le pas, redressait le menton et regardait droit devant elle. Personne, non, personne ne devait connaître l'étendue de sa souffrance.

À l'heure du déjeuner, elle revint dans la yourte de ses parents, mais refusa le morceau de gigot d'agneau que son père venait de découper. Elle ne but qu'un peu de thé, grignota un bout de galette de seigle et repartit monter la garde le long des palissades. Dans l'après-midi, son père vint la rejoindre. Anga était affalée sur une pierre, les coudes sur les genoux, le regard fixé sur l'immensité de la steppe. Ses longues tresses touchaient le sol.

— Dis-moi, qu'est-ce que tu fais ici? lui demanda Sadgoum en fronçant les sourcils.

Anga leva la tête, comme plongée dans un rêve, le regard vide et perdu. Sadgoum eut l'impression qu'elle le voyait à peine.

— Je… je ne sais pas, répondit-elle. Je réfléchis…

— Anga, gronda-t-il, tu dois t'habituer à l'idée que le cheval blanc appartient désormais au prince. Plus jamais tu ne le reverras. Allez, viens avec moi maintenant.

Anga secoua la tête. Un pli buté apparut au coin de ses lèvres.

— Pas encore! Laisse-moi attendre jusqu'à la tombée de la nuit.

— À ton aise, répliqua Sadgoum, excédé. Reste, si tu en as envie. Mais je n'aime pas que ma fille se montre déraisonnable et offre à tous le spectacle d'une enfant capricieuse.

Puis il s'éloigna, très fâché.

Anga resta seule. Déjà, les bergers revenaient au campement pour la nuit. Tout près, un jeune garçon jouait de la flûte. Les notes s'étiraient longuement et résonnaient avec douceur dans le calme du soir, à peine troublé par les aboiements des chiens et le bêlement des moutons. Enfin, ce fut le silence.

La tête toujours appuyée sur les genoux, Anga essayait d'imaginer quel chemin le prince et son escorte avaient pu emprunter. Elle n'avait jamais vu le pays des Chahars. Y avait-il comme ici des montagnes couvertes de forêts et des rivières aussi vertes que l'émeraude? Ou bien n'était-ce qu'une steppe désertique et sèche, balayée par un vent brûlant du sud, dévastée par des nuées de sauterelles?

Dans un instant, le soleil allait basculer derrière les cimes bleutées des montagnes, toute la steppe était embrasée de pourpre et d'or et, dans le ciel en flammes, un busard planait lentement.

Soudain, Anga tressaillit. Un martèlement de sabots lui parvenait à l'oreille. Elle se releva d'un bond. Son cœur s'emballa.

Là-bas, dans la plaine déjà gagnée par l'obscurité, un cheval au galop accourait en direction du campement. Un cheval blanc! L'éclat du soleil couchant s'accrochait à sa longue crinière.

Anga se précipita, ses pieds touchaient à peine le sol. Ses tresses virevoltaient dans son dos.

Khan approchait de plus en plus vite, de son pas souple et cadencé. Dès qu'il aperçut Anga, il ralentit, se mit au trot et redressa fièrement la tête, l'air de dire : « Tu vois, je suis de retour ! Je n'avais pas envie de rester avec les autres ! »

Anga arriva hors d'haleine à sa hauteur. Aussitôt, elle lui caressa la tête, lui passa la main sur ses naseaux chauds et humides. Le cheval blanc piaffait. Il haletait, le pelage couvert de sueur.

— Khan ! chuchota Anga, des sanglots de joie dans la voix. Je savais que tu reviendrais ! Oui, je le savais. C'est pour ça que j'ai attendu toute la journée ! À partir de maintenant, nous resterons toujours ensemble ! S'ils viennent pour te reprendre, je te cacherai dans la montagne ! Jamais ils ne te retrouveront !

Prenant son élan, elle sauta sur le dos de son cheval et Khan repartit au galop vers le campement.

À peine le cheval eut-il franchi l'entrée du campement que tous les nomades se précipitèrent hors de leur tente. Des voix inquiètes s'élevèrent ici et là. Le retour du cheval blanc signifiait un affront pour le prince des Chahars et il fallait sûrement s'attendre à des représailles !

Mais Anga ne voyait ni n'entendait rien. La tête fièrement relevée, elle continua d'avancer jusqu'à la yourte de ses parents.

Alertés par le tumulte, Nirma et Sadgoum apparurent à leur tour. La mère poussa des cris d'étonnement, tandis que Sadgoum fronça ses sourcils broussailleux.

— Qu'est-ce que ça signifie ? demanda ce dernier à sa fille.

— Khan s'est enfui ! s'écria-t-elle, rayonnante de joie. Il est revenu vers moi !

Malgré son regard qui trahissait une certaine émotion, le visage de Sadgoum se durcit encore. D'un pas lourd, il alla vers le cheval blanc et lui caressa la tête.

— Khan a lui-même décidé du choix de son maître, dit-il. Mais tout animal, même le plus noble, doit obéir à l'homme. C'est une loi de la nature. Anga...

Le ton de sa voix se fit alors implacable.

— Demain matin, dès le lever du soleil, tu reconduiras ce cheval au prince Bantje.

Anga tressaillit. Elle fixa son père avec épouvante.

— Ne me demande pas une chose pareille. Je ne peux pas !

— Tu dois obéir, Anga, insista Sadgoum,

inflexible. Ou préfères-tu que les soldats du prince viennent reprendre le cheval par la force?

Anga humecta ses lèvres desséchées.

— Ce serait… ce serait alors la guerre? balbutia-t-elle, effrayée.

— Nous sommes un peuple de chasseurs et de bergers, tandis que les Chahars sont des guerriers. Que penses-tu qu'il arriverait d'autre? répliqua Sadgoum avec force.

Anga pâlit. La foule, inquiète, s'était attroupée autour de la yourte de ses parents et lui jetait des regards désapprobateurs. Oui, elle comprenait la peur de ces gens, son père avait formulé tout haut leurs pensées. Garder le cheval blanc signifierait une offense pour le prince et les Chahars n'en resteraient pas là.

Sa tête s'affaissa sur sa poitrine.

— Je reconduirai Khan, dit-elle sans voix.

Chapitre 8

De son galop souple et cadencé, Khan portait donc la jeune fille pour la dernière fois. Anga goûtait d'autant plus ce plaisir qu'elle se demandait avec amertume et désespoir si elle pourrait jamais s'habituer à un autre cheval.

Elle avançait sur un étroit sentier caillouteux qui tantôt montait, tantôt descendait, menant à la longe un second cheval qui la ramènerait au campement après avoir... Anga se mordit les lèvres. Non, surtout ne pas y penser !

C'était le petit matin. Les étoiles pâlissaient lentement tandis que le soleil se levait dans un halo de brume. Ses rayons blanchâtres glissaient le long des versants de la montagne, inondant la plaine d'une lueur intense. Très haut dans le ciel, invisible, une alouette chantait. La mine renfrognée, Anga continuait d'avancer. Elle aurait rejoint les Chahars dans le courant de la journée. Chaque fois qu'elle pensait à Bantje, elle revoyait ses yeux verts et son sourire insolent et ses poings se serraient de colère. Elle le détestait comme jamais elle n'avait détesté personne.

Les heures s'écoulaient. Le soleil montait dans le ciel, l'air se chargeait d'une moiteur étrange. Une chape de plomb s'étendait sur la steppe et les montagnes. Les vêtements en cuir d'Anga collaient à son corps comme une seconde peau. Les flancs du cheval étaient trempés de sueur. Vers midi, d'énormes nuages gris s'accumulèrent à l'horizon, virant lentement au violet, puis au jaune. Anga ne put s'empêcher de repenser aux sombres prophéties du chaman : «Des nuages de soufre recouvriront les montagnes.» Il n'y avait pas le moindre souffle d'air. Partout le silence, hormis le martèlement des huit sabots et, de temps en temps, le bruit plus sec et plus clair d'un caillou qui roule.

Les nuages étaient à présent si menaçants qu'ils semblaient vouloir faire exploser les montagnes.

Plus tard, dans l'après-midi, Anga aperçut

très loin devant elle un groupe de cavaliers se déplaçant vers le sud.

— Ce sont eux ! s'écria-t-elle, la colère au ventre, avant de s'immobiliser un instant. Puis, serrant les dents, elle enfonça ses talons dans les flancs de son cheval.

— Allons-y !

Les chevaux descendirent un versant couvert de maquis, puis, arrivés dans la plaine, ils se lancèrent au galop. Le sol grondait sous leurs sabots. La masse obscure de la troupe de cavaliers grossit et, bientôt, Anga reconnut le prince Bantje parmi les armures éclatantes des soldats chahars.

La troupe s'était arrêtée. Lance au poing, les guerriers observaient la jeune fille venant vers eux. Sans leur prêter attention, le visage dur et fermé, Anga arriva à la hauteur du khan et de son fils, sauta à terre avant même que ses deux chevaux se soient immobilisés et, les tenant par la bride, se dirigea vers le prince.

Naïdoung Djaman regardait la jeune fille trempée de sueur et couverte de poussière s'avancer vers lui. S'efforçant de masquer son étonnement, le prince Bantje affectait un air détaché Mais sa nervosité était visible.

— Que la paix soit avec toi, ma fille ! dit enfin Naïdoung Djaman d'une voix grave.

Anga s'inclina profondément.

— Que la paix soit avec vous, grand khan !

Puis, d'un trait, comme d'une phrase apprise par cœur, elle ajouta :

— Le cheval est revenu hier soir au campement. Mon père m'envoie le redonner au noble prince.

Faisant un pas vers Bantje, elle lui lança les rênes. Il se pencha, l'air gêné, pour les rattraper au vol. Mais la brusquerie de son geste effraya le cheval blanc, qui fit un écart.

— Holà ! lança Bantje en tirant sur les rênes.

Anga se précipita vers l'animal et lui flatta doucement l'encolure.

— Calme-toi, Khan ! Calme-toi ! Et maintenant, écoute-moi bien. Nous allons nous séparer, tu appartiens au prince. Mais ne t'inquiète pas, il sera bon avec toi...

— Je voudrais vous rendre quelque chose d'autre aussi, lui dit Anga.

Glissant la main dans une bourse accrochée à sa ceinture, elle en retira le bijou étoilé en ambre. Malgré tous ses efforts, sa voix se fit amère :

— L'amour de ce cheval pour moi fut ma plus grande joie. Je n'ai besoin de rien en retour.

À sa grande honte, Bantje se sentit rougir. Anga lui tendit le bijou qu'il prit à contrecœur, sans oser regarder la jeune fille en face.

— Je ne voulais pas t'offenser, marmonna-t-il.

Anga recula d'un pas, sans répondre, et s'inclina avec déférence.

— Nobles princes, je vous souhaite un agréable voyage !

Puis, soudain, elle hésita, leva les yeux, les baissa presque aussitôt et, d'une voix à peine audible, elle ajouta :

— Je... je vous en prie, prenez bien soin de Khan ! S'il est parfois un peu fougueux, ce n'est pas de sa faute... En réalité, il est très doux... et... et...

Sa voix se brisa. Aveuglée par les larmes, elle se détourna vivement et courut vers le second cheval. Alors qu'elle mettait le pied à l'étrier, elle entendit la voix impérieuse de Naïdoung Djaman.

— Attends encore un peu, fille de Sadgoum !

Anga jeta un regard surpris à la ronde, essuyant d'un geste machinal son visage baigné de larmes.

— Approche-toi, poursuivit le grand khan.

Le visage marqué par la douleur, Anga marcha lentement vers le khan des Chahars. Du haut de son coursier noir harnaché d'argent, les yeux baissés vers la jeune fille, le souverain faisait penser à un géant. Naïdoung Djaman garda longtemps le silence. Puis, lentement, d'une voix appuyée, il dit enfin :

— Je te remercie pour ce que tu as fait. Nous savons tous combien tu tiens à ce cheval. Ainsi, je veux te donner une chance de le garder. Prends cet arc et ces flèches. Tu vas te mesurer à mon fils. Le cheval blanc appartiendra au vainqueur.

Bantje n'en crut pas ses oreilles.

— Mais… mais il est à moi ce cheval ! s'écria-t-il avec colère.

— Il t'appartient, c'est vrai, répondit son père, sans se départir de son calme. Mais cette jeune fille lui a sauvé la vie. Elle a pansé ses plaies et l'a dressé pendant de nombreuses lunes. Je trouve qu'elle a des droits sur le cheval et je veux lui donner une dernière chance.

— Peut-être. Mais moi, Bantje, je ne me mesure pas avec une fille ! lança le prince avec mépris, cherchant visiblement à ne pas perdre le contrôle de la situation. Il se tourna vers sa mère comme pour solliciter son avis. Mais Yashigema se borna à hausser les sourcils.

— Tu as entendu les paroles de ton père, dit-elle. Alors, descends de ton cheval et prépare-toi.

Vexé, Bantje sauta à terre. Il était hors de lui, mais certain de sa supériorité. «Cette gamine effrontée est peut-être capable de dresser un cheval, songea-t-il. Par contre, ce serait le comble si elle était aussi experte au tir à l'arc!»

Naïdoung Djaman fit signe à un guerrier de s'approcher et il lui donna à mi-voix quelques instructions. L'homme partit au galop vers un jeune bouleau, distant d'environ deux cents coudées, et suspendit un petit morceau d'étoffe rouge à l'une de ses branches basses.

— Celui qui atteindra la cible sera le vainqueur, dit Naïdoung Djaman. Bantje, tu tireras le premier.

Les guerriers mongols restèrent en selle pour suivre la compétition. Leur visage ne traduisait aucune émotion.

Bantje s'avança. D'un air décontracté, il sortit une flèche de son carquois, visa, puis tira. Il ne manqua la cible que de peu. Il se détourna en haussant les épaules, comme pour dire: «Attendez, vous allez voir la prochaine fois!»

puis s'inclina légèrement devant son adversaire, un sourire narquois au coin des lèvres.

Anga serra les dents. Elle prit le temps d'ajuster sa flèche, cherchant d'abord à contrôler le tremblement de ses mains. De petites perles de sueur lui collaient au front. Enfin, elle tira. Sa flèche passa, elle aussi, à deux doigts de la cible.

Bantje tendit une seconde fois son arc, visa avec plus d'attention… et, cette fois, la flèche frôla l'étoffe rouge et la fit virevolter.

Anga se passa nerveusement la langue sur les lèvres. Jamais encore il ne lui était arrivé de manquer sa cible. Son père ne disait-il pas avec fierté qu'elle était le meilleur tireur à l'arc de tout le campement? «Il faut que je gagne, se dit Anga. Il le faut!»

Elle inspira profondément, prit à son tour une seconde flèche, visa, tira, mais, cette fois encore, le projectile passa tout près de la cible. «J'ai perdu…», songea-t-elle, et curieusement elle se rendit compte qu'elle ne ressentait plus rien. Comme si la compétition n'avait plus d'importance…

Elle sentit un regard fixé sur elle, celui d'un Bantje assuré de sa propre victoire. Elle s'obligea à garder les yeux baissés. Il ne faut pas que je le regarde... Sinon, il lira sur mon visage toute la haine que j'ai pour lui !

Bantje leva son arc pour un ultime essai. Anga retint sa respiration.

Il y eut soudain une forte rafale de vent. Le silence fut comme balayé. La steppe sembla prendre vie, noyée en un rien de temps dans des tourbillons de poussière. Tous les arbres, tous les fourrés se mirent à trembler. Des nuées d'oiseaux, petits et grands, quittèrent les branches à tire-d'aile et s'enfuirent dans les airs en piaillant. Anga sentit un frisson la parcourir. «Le ciel retentira du cri des oiseaux...»

Mais Bantje voulait mettre un terme à cette compétition ridicule. Anga ne bougeait pas. Le visage pâle, elle fixait la cible. Une goutte de sueur ruissela de son front sur sa joue. Ou bien était-ce une larme ?

Il y eut une nouvelle rafale de vent. Les chevaux hennirent et tirèrent sur leurs brides. Les guerriers eurent du mal à les retenir.

Subitement, un grondement sourd jaillit des profondeurs de la terre. Le sol se mit à trembler et Anga eut l'impression qu'il allait se dérober sous ses pieds. Elle perdit l'équilibre et tomba violemment à terre, se heurtant durement aux pierres. Elle entendit des cris perçants, puis un nouveau grondement d'une rare violence venu des entrailles de la terre et renvoyé en écho par les montagnes et le ciel. Quand elle leva la tête, elle crut mourir. Toute la chaîne de montagnes vacillait et un énorme bloc de rocher dévalait à grand bruit vers la vallée. Le vacarme semblait sans fin, les oreilles d'Anga explosaient de craquements et de détonations. Tout près d'elle, un grand arbre oscilla. Les racines sortirent de terre. Et soudain, dans un fracas épouvantable, la terre s'ouvrit. Pétrifiée, Anga vit se former, à la vitesse de l'éclair, une crevasse qui allait se perdre au loin, très loin, engloutissant arbres, pierres, hommes, animaux. Elle vit des chevaux et quelques cavaliers tenter une fuite désespérée, avant de disparaître, comme emportés par le vent. Elle était paralysée. Voulant fuir, elle trébucha, tomba à terre et sentit soudain dans son dos une poussée violente : le ciel s'abattait sur elle, la terre l'engloutissait. Anga perdit connaissance.

Chapitre 9

Lentement, péniblement, Anga ouvrit les yeux. Elle gisait au milieu d'un amas de pierres. D'abord, elle aperçut le ciel bleu traversé par de petits nuages blancs et sa première pensée fut : sommes-nous le soir ?

Tout son corps était engourdi et doulou-reux. Elle se redressa en gémissant. Elle se sentit mal, et tout se mit à tourner autour d'elle. Au bout d'un moment, le malaise s'estompa et sa vue redevint claire. Alors, elle n'en crut pas ses yeux. La steppe verdoyante avait disparu, laissant place à un monstrueux champ d'ébou-lis. La forme des montagnes n'était plus la même. Anga ne reconnaissait plus rien. Là-bas, c'était comme si un sommet avait été décapité ;

plus loin, comme si des crêtes avaient été déplacées. Ce qui était en profondeur semblait avoir été poussé vers le haut. Tout le paysage était gris, desséché et mort.

Anga demeura longtemps immobile à fixer cet univers de ruines où toute trace de vie avait disparu. Elle n'arrivait pas à clarifier ses pensées. Tout ce qu'elle comprenait, c'était qu'un événement épouvantable s'était produit auquel elle avait miraculeusement échappé.

Quand soudain le cri rauque d'un busard lui fit lever les yeux vers le ciel. L'oiseau de proie, toutes ailes déployées, décrivait des cercles de plus en plus étroits, avant de se laisser tomber à la verticale sur un promontoire rocheux.

Les jambes chancelantes, Anga réussit à se redresser. Ses vêtements pendaient en lambeaux le long de son corps ; ses mains, son visage étaient couverts de blessures. Péniblement, elle se hissa jusqu'au sommet d'une colline. C'est alors qu'un cri de joie lui échappa. Non loin d'elle, trois chevaux erraient au milieu des amas de pierres… et l'un d'eux était Khan !

Elle cria son nom. Sa voix résonna étrangement dans le lourd silence.

Le cheval blanc releva la tête et pointa les

oreilles. Un frissonnement sembla parcourir son pelage et il répondit par un hennissement à fendre l'âme.

Anga ne ressentait déjà plus ni douleurs, ni fatigue. Escaladant les éboulis de pierres, enjambant les crevasses, elle dévalait à la rencontre des chevaux. Mais, soudainement, elle s'immobilisa, tendit l'oreille. Se serait-elle trompée? Elle rassembla tous ses efforts à la recherche d'un signe tangible de vie qui aurait pu se trouver non loin d'elle.

— Il y a quelqu'un? cria-t-elle.

Rien.

Elle renouvela son appel.

— Il y a quelqu'un? Répondez!

Et, d'un seul coup, il n'y eut plus de doute possible. Émanant des entrailles de la terre, un bruit faible, comme un gémissement. Anga fit encore quelques pas au milieu du champ de pierres, jusqu'à la crevasse. Elle s'agenouilla prudemment au bord et scruta le fond plongé dans la pénombre. C'est alors qu'elle aperçut une forme qui bougeait: quelqu'un d'autre avait survécu!

La brèche était très profonde. Le fond était à au moins trente ou quarante coudées. Descendre était impossible.

— Patientez! Je vais vous aider! cria-t-elle.

Anga courut vers les chevaux qui se laissèrent attraper sans résistance. Comme elle s'y attendait, ils portaient, accrochés au pommeau de la selle, deux longues cordes en crin de chameau servant à la capture des animaux sauvages. Elle s'empressa de les nouer bout à bout, puis revint vers la crevasse. Passant une extrémité de la corde autour de son corps, elle enroula l'autre autour d'un rocher, s'assit au bord de la crevasse, puis se laissa prudemment glisser vers le fond.

Prenant appui contre les parois de terre, elle descendit lentement. Ses mains brûlaient terriblement. Elle avait l'impression, à tout moment, qu'elle allait lâcher prise. Mais lâcher la corde, c'était s'écraser au fond de la crevasse... Parfois, des éclats de pierre se détachaient et une peur panique s'emparait d'Anga à l'idée que la corde puisse rompre. Presque parvenue au but, elle reconnut soudain la veste verte de Bantje. Elle tressaillit, mais s'efforça de ne penser qu'à une chose : Bantje ou pas, elle se devait de sauver cette personne !

Bantje l'observait en silence. Son visage était livide et défiguré par la douleur.

— Tu es blessé ? s'inquiéta-t-elle, ayant remarqué sa jambe anormalement tordue.

Bantje ne répondit pas. Ses yeux brillaient

de fièvre. Quand enfin il se mit à parler, du sang sortit de sa bouche.

— Où... où sont mes parents ? réussit-il à dire.

Anga ravala sa salive avant de répondre brièvement :

— Je ne les ai pas vus.

Bantje la regarda fixement, puis il ferma les yeux et laissa retomber sa tête. Il respirait difficilement.

— Prince Bantje, il faut que nous sortions d'ici ! Peux-tu bouger ?

Mais Bantje resta muet, trop anéanti par la douleur pour pouvoir prendre une décision. Il finit par murmurer d'une voix sourde :

— Tu vois bien que tu ne peux rien pour moi. Va-t'en, laisse-moi.

Anga s'impatienta.

— Prince, dit-elle avec autorité, le découragement n'est pas une solution.

— Je te dis que je suis incapable de remonter cette paroi.

Et, d'une voix amère, il ajouta :

— Avec mon bras et ma jambe en mille morceaux, il faudrait que je sache voler.

Il a raison, pensa Anga, découragée à son tour. L'état du prince s'avérait plus grave qu'elle ne l'avait imaginé. Que faire ? Mon dieu, que faire ?

— Il faut au moins essayer.

Elle venait d'avoir une idée.

— Qu'est-ce que tu as l'intention de faire ?

Bantje la regardait, perplexe. Malgré les nombreuses blessures et l'épuisement extrême, il s'accrochait de toutes ses forces à la vie. L'idée que cette jeune fille qu'il avait blessée et humiliée puisse l'abandonner le paniquait.

Anga devina ses pensées.

— Rassure-toi, prince, dit-elle d'une voix calme. Je ne te laisserai pas. Je te demande seulement un peu de patience.

Elle commença lentement l'ascension, reprenant appui avec les pieds contre les parois. Ses mains la faisaient geindre de douleur. Hors d'haleine, exténuée, elle parvint enfin au bord de la crevasse, réussit à se hisser à la surface, resta un moment affalée sur le sol, attendant de reprendre son souffle.

Lorsqu'elle se releva, Anga tenait à peine sur ses jambes. Sa gorge sèche brûlait. Les chevaux attendaient patiemment. Dans les derniers rayons du soleil, le pelage blanc de Khan avait pris une teinte rosée. Il avança lentement vers Anga, faisant rouler les pierres sous ses sabots.

La présence du cheval bien-aimé dans ce monde de désolation fut pour Anga l'unique consolation. En soupirant, elle appuya le front contre l'encolure chaude de l'animal, comme si ce contact pouvait lui insuffler des forces. Mais maintenant, il n'y avait plus de temps à perdre Regardant autour d'elle, Anga finit par trouver ce qu'elle cherchait : à moitié enseveli sous des pierres, un jeune sapin gisait à terre.

Elle se dirigea ensuite vers les deux chevaux chahars et, fouillant dans les sacoches accrochées à leur selle, elle mit la main sur une hache que les guerriers utilisaient pour dépecer leurs butins de chasse. Elle dépouilla le sapin de ses branches, puis coupa dans son tronc deux morceaux de même taille et de même résistance. Bantje pouvait-il, du fond de la crevasse, entendre les coups de hache ? « Il n'a pas confiance en moi, songea Anga avec une certaine satisfaction. Il a peur que je l'abandonne. Mais je vais lui montrer qui je suis. »

Sa tâche achevée, Anga fixa un des morceaux de bois à l'extrémité de la corde dont elle s'était préalablement enroulée autour de la taille et fixa plus haut le deuxième morceau. Puis, s'agenouillant au bord de la crevasse, elle fit descendre doucement la corde. Après quoi, elle

récupéra sur les selles des deux chevaux chahars les lanières de cuir maintenant les étriers
qu'elle noua bout à bout et enroula autour de
ses hanches. Elle découpa encore deux bouts
d'étoffe dans une couverture pour envelopper
ses mains, couvertes d'ampoules. C'est alors
qu'elle se laissa elle-même glisser dans la crevasse.

Arrivée au fond, elle paniqua. Le prince ne
bougeait pas ni ne répondait. Serait-il mort pendant son absence? S'approchant de lui, elle s'accroupit et pencha son visage au-dessus du sien.
Un souffle léger lui effleura la peau. Bantje
avait seulement perdu connaissance.

«C'est préférable, songea-t-elle. Comme ça,
il ne sentira rien.»

Rassemblant ses forces, elle souleva le prince,
l'assit à grand-peine sur l'un des morceaux de
bois fixé à l'extrémité de la corde et appuya sa
tête et ses bras contre le second morceau. Puis
elle le sangla avec les lanières en cuir.

Anga reprit une nouvelle fois l'ascension de
la crevasse, serrant les dents pour ne pas crier
de douleur. Elle n'avait presque plus de force
dans les bras, ses jambes arrivaient à peine à
s'enrouler autour de la corde. À mi-hauteur, elle
fut prise de vertiges et faillit tout lâcher. Dans

un dernier sursaut d'énergie, elle resserra sa prise et réussit enfin à atteindre le bord. Le cœur battant à tout rompre, elle s'allongea par terre en ahanant. Mais, très vite, elle se ressaisit et se remit debout. Les jambes flageolantes, elle alla vers les chevaux.

— Khan, cria-t-elle, viens ici !

Obéissant, Khan trotta vers elle. Entre-temps, elle avait détaché de ses doigts gourds l'extrémité de la corde fixée à un rocher. Elle en fit une boucle qu'elle passa autour de l'encolure du cheval.

— Aide-moi, Khan ! Aide-moi à tirer ! Vas-y, n'aie pas peur !

Tenant le cheval par les rênes, elle le fit reculer. Dès que la corde se tendit, elle appuya de tout son poids contre le poitrail de l'animal pour le forcer à continuer, essayant de l'aider en tirant elle aussi sur la corde.

— Aide-moi, Khan ! Aide-moi ! criait-elle à bout de souffle, l'encourageant sans cesse de la voix. Tire, tire ! Il faut que tu m'aides !

Le miracle s'opéra. L'animal comprenait ce que l'on attendait de lui et reculait pas à pas. Les muscles de son cou se tendaient, son corps s'arc-boutait, ses pieds s'enfonçaient dans le sol.

La tête et les épaules de Bantje finirent par apparaître, et Anga se précipita vers lui pour le soutenir. Khan s'était immobilisé et soufflait fort. Mais elle lui cria :

— Khan, recule, recule encore !

Le cheval poussa un hennissement rauque, mais il obéit et se remit à tirer. Anga continua de l'aider jusqu'à ce que le corps du prince évanoui soit complètement dégagé, puis elle libéra Khan de la corde enroulée autour de son cou. Quand elle revint vers Bantje, ses jambes l'abandonnèrent et elle eut comme des étincelles dans les yeux. Le sol se souleva et vint vers elle. Elle tomba en avant sur les pierres et, pendant un long moment, elle ne sentit plus rien.

Chapitre 10

Des coups répétés contre son épaule sortirent Anga de son étourdissement. Elle sentit une haleine chaude lui balayer le visage. Ouvrant les yeux, elle ne comprit pas tout de suite où elle se trouvait. Il faisait nuit noire. Les étoiles dans le ciel luisaient d'une étonnante clarté. Frissonnant de froid, elle prit appui sur les coudes. C'est à ce moment seulement qu'elle vit Khan à ses côtés. Le cheval blanc l'avait réveillée en happant son bras et en le secouant avec douceur. Dès qu'il la vit bouger, il manifesta sa joie en agitant les oreilles.

Anga jeta les bras autour de son cou et, d'une voix étranglée par l'émotion, lui murmura :

— Sans toi, jamais je n'y serais arrivée.

Puis péniblement, prenant appui sur lui, elle se releva. Elle se sentait brisée, son corps était couvert de blessures et d'ecchymoses.

À la lueur des étoiles, elle chercha le prince du regard. Il était là où elle l'avait laissé, allongé face contre terre. Après avoir dénoué la corde et les lanières autour de son corps, elle le retourna délicatement sur le dos. À son grand étonnement, elle s'aperçut qu'il avait les yeux ouverts. Il la fixait avec une expression étrange. Depuis combien de temps avait-il repris connaissance?

Quand leurs regards se croisèrent, Anga comprit qu'elle ne le haïssait plus. Le jeune homme devant elle était-il bien celui qu'elle avait tant détesté? Tant de choses s'étaient passées depuis! Avant même de pouvoir dire quelque chose, elle entendit Bantje murmurer, d'une voix à peine audible:

— Je te remercie. Sans toi, je ne serais plus en vie.

Gênée, Anga détourna le regard. Après un long silence, elle finit par dire:

— Tu souffres?

— Ça va, répondit Bantje en secouant faiblement la tête. Par contre, j'ai très soif.

Anga se leva et alla vers les chevaux. Elle

se souvenait avoir vu une outre dans l'une des sacoches accrochées à leur selle. Par chance, elle contenait encore de l'eau. Anga s'agenouilla près du blessé et, lui soutenant la tête, porta l'outre à ses lèvres. Il but avidement. Anga sentit son front brûlant. Il avait sûrement beaucoup de fièvre. Le découragement la gagna. Qu'allait-il advenir d'eux si Bantje n'était pas en état de tenir en selle?

Elle examina ses blessures. Elle avait vu un jour la vieille N'Goula, la guérisseuse de la tribu, soigner la jambe d'un jeune garçon tombé de cheval. Elle se souvint de ce qu'il fallait faire. Elle détacha les deux morceaux de bois fixés à la corde et coupa deux autres morceaux à une branche de sapin. Avec l'aide de Bantje, elle fixa ces bouts de bois le long de la jambe blessée, qu'elle avait préalablement enveloppée d'un morceau d'étoffe pour adoucir le contact. Bantje avait beau vouloir ne pas crier, elle l'entendait crisser des dents pour ne pas hurler de douleur.

Maintenant le bras! Avec mille précautions, Anga découpa la manche de la veste de Bantje avec son poignard. Malgré son sang-froid, elle blêmit en voyant, dans la faible lumière, la profondeur de sa blessure allant du cou jusqu'à l'épaule. La blessure était béante, mais une croûte s'était déjà formée. Délicatement, elle fit bouger le bras : Apparemment, il n'était pas fracturé. Alors, déchirant la manche de sa propre chemise, elle en fit de longues bandes qu'elle enroula fortement autour du bras de Bantje pour resserrer les lèvres de la blessure.

Elle ne pouvait faire davantage. Tout du moins pour l'instant. Après avoir longuement réfléchi, elle finit par dire :

— Nous ne pouvons pas rester ici.

Bantje acquiesça.

— Si tu m'aides à monter sur le cheval, j'arriverai bien à tenir en selle.

— Mais où aller ?

Un soupir gonfla la poitrine du prince.

— Je dois absolument retourner vers mon peuple. Mes parents ne sont sûrement plus en vie. Or je dois succéder à mon père, sinon, si les Chahars me croient mort, ils éliront un autre khan.

— Sommes-nous loin de ta ville ?

— À cheval, à environ sept jours de là, répondit Bantje d'une voix sombre.

Il était pleinement conscient de la quasi-impossibilité pour lui d'entreprendre une telle équipée, mais il ne voyait pas d'autre solution.

— Écoute-moi, prince, dit Anga après une

brève réflexion. Le campement de mes parents n'est pas loin d'ici. Je vais essayer de t'y conduire. On t'y soignera, après quoi notre chef de tribu te transportera en litière vers ton peuple. De toute façon, il enverra sur-le-champ un messager lui faire savoir que tu es en vie.

À peine avait-elle prononcé ces mots qu'elle s'interrompit brusquement. Elle venait seulement de songer que le tremblement de terre avait peut-être aussi dévasté le campement des siens. Cette pensée la glaça d'effroi.

Chapitre 11

Cette nuit, Anga eut du mal à s'endormir. Malgré sa lassitude, l'inquiétude au sujet de ses parents et du campement la taraudait. Si seulement elle avait pu sauter en selle et partir au galop, fuir ce lieu de désolation et retourner chez elle, pour savoir enfin à quoi s'en tenir! Mais elle avait promis au blessé de ne pas l'abandonner. Un long moment, elle l'entendit gémir et, sous l'effet de la fièvre, prononcer en dormant des paroles incohérentes. Bientôt, elle-même plongea dans un profond sommeil. Les trois chevaux demeurèrent immobiles dans l'obscurité, semblant veiller sur les deux adolescents.

Quand Anga ouvrit les yeux, le ciel rougeoyait de tous ses feux. Tout lui revint comme un éclair.

Le tremblement de terre, le sauvetage du prince, l'insupportable inquiétude au sujet de son père et de sa mère…

À ses côtés, le prince blessé dormait d'un sommeil encore troublé par la fièvre. Ses cheveux trempés de sueur collaient à son front, et ses vêtements en lambeaux laissaient apparaître une peau écorchée sur laquelle le sang avait séché. Anga effleura ses épaules. Le jeune homme tressaillit, ouvrit les yeux et fut aussitôt parfaitement éveillé.

— Nous devons partir, dit Anga.

Bantje acquiesça d'un léger signe de tête. Anga alla seller les chevaux et revint avec Khan. C'est lui qui porterait le blessé. Sa démarche souple limiterait ses souffrances.

Bantje dut prendre appui sur la jeune fille pour se redresser. Il était évident que jamais il ne pourrait monter seul sur le cheval. Ayant repéré une plate-forme rocheuse d'où il pourrait se hisser sur l'animal, Anga l'aida à sautiller jusque-là sur sa jambe valide. Puis elle revint chercher Khan, qui attendit sans broncher que Bantje se soit assis sur son dos.

Le jeune homme avait fourni un trop gros effort. Il vacilla et s'affaissa en avant sur le cou du cheval.

Furieux envers lui-même, il s'écria :

— Attache-moi aussi fort que tu le peux à la selle !

Anga s'exécuta. Quand il fut stabilisé, elle sauta sur le dos de l'un des chevaux chahars.

— Confie-moi les rênes, dit-elle à Bantje. Je guiderai le cheval blanc.

Anga chevaucha aux côtés de Khan. Le troisième cheval, dont elle avait fixé la bride au pommeau de sa selle, suivait docilement. Ils avançaient pas à pas à travers le pays dévasté. En plein jour, l'étendue du désastre apparaissait plus clairement encore que la veille au soir. Aussi loin que portait le regard, le sol était transformé en un champ de bataille. Partout ce n'étaient que crevasses et éboulis de pierres d'où émergeaient des cimes d'arbres et des branches cassées, derniers vestiges d'une végétation anéantie. Les cavaliers avançaient péniblement. Souvent, leur route était coupée par des rochers ayant déboulé des hautes montagnes. Plus d'une fois, Anga perdit la direction. Il arrivait aussi que les chevaux s'enfoncent dans la terre meuble jusqu'au paturon. On n'entendait alors même plus le martèlement monotone de leurs sabots. Tout n'était plus que silence, un silence de mort que ne troublait aucun cri d'oiseau. Seuls, haut dans le ciel, des vautours tournoyaient au-dessus d'eux.

Anga avait les mains crispées sur les rênes, rongée par la peur et l'impatience. Cette chevauchée infernale semblait ne pas devoir prendre fin. Il était impossible de faire accélérer le pas des chevaux, en raison de la nature du sol, mais aussi de l'état de santé de Bantje.

Elle n'avait pas besoin de lui demander comment il se sentait, le voyant affalé sur lui-même, les paupières mi-closes, le corps vacillant à chaque pas du cheval. S'était-il endormi ? Avait-il perdu connaissance ? Quoi qu'il en soit, elle ne pouvait rien faire d'autre que de fuir avec lui cet enfer.

La matinée s'acheva. Le soleil brûlait comme un œil rouge de colère et ne jetait plus aucune ombre.

Anga et Bantje se partagèrent l'eau tiède restée dans la gourde. Le visage du jeune prince était blanc comme un linge. Du sang suintait à travers le bandage de son bras. Pourtant, pas une fois il ne proféra le moindre cri ni ne s'enquit de savoir si l'on se trouvait encore loin du campement des parents d'Anga. À le voir crisser des dents, on devinait pourtant combien chaque mouvement du cheval le faisait atrocement souffrir.

Anga tentait de se rassurer. «Patiente encore un peu, se disait-elle. Dès que les ombres seront plus longues, nous apercevrons le campement. Ma mère te préparera un bon thé sucré et brûlant et la vieille N'Goula pansera tes plaies...»

La journée était déjà très avancée quand, soudain, Anga perçut un bruit d'eau. Un cri de joie lui échappa. Aucun doute possible. Ils étaient presque arrivés! Ce clapotement était celui de la rivière passant non loin du campement des siens. Anga se hâta en direction du bruit, qui devenait de plus en plus audible au fur et à mesure qu'elle s'en approchait. Et d'un seul coup, au milieu d'un enchevêtrement d'arbres déracinés, elle l'aperçut! Hélas, cette rivière était si différente de celle qu'elle connaissait. Là où habituellement s'écoulait une eau paisible roulait un torrent tumultueux, emportant les berges sur son passage.

De la terre et des pierres auraient-elles obstrué l'embouchure de la rivière? De toute façon, Anga savait qu'en poursuivant sa route le long de la rivière ils devraient arriver sous peu au campement. Oubliant presque le jeune homme blessé, elle força l'allure des chevaux et chercha un passage à travers un ravin. Le chemin devenait de plus en plus étroit, les eaux le submergeaient. Parfois les chevaux glissaient sur les pierres mouillées. Soudain, la forêt s'arrêta, ouvrant sur la vaste plaine. À l'endroit où aurait dû se trouver le campement, Anga ne vit qu'un énorme cratère d'un rouge noirâtre. Quelques piquets isolés subsistaient encore, à moitié calcinés.

Anga était comme pétrifiée. Péniblement, elle passa la jambe par-dessus la selle et se laissa glisser à terre. Comme dans un rêve, elle fit un pas, puis un autre. Et soudain, ses jambes se dérobèrent sous elle. Bantje, qui l'avait suivie de loin sur le dos de Khan, sortit de la forêt au moment où elle s'effondrait. Un simple coup d'œil sur le cratère et les derniers vestiges lui suffit. Mais il était trop abattu par la fièvre qu'il ne sut trouver les mots pour exprimer ses sentiments.

Un long moment s'écoula. Anga ne bougeait pas. Elle était agenouillée sur le sol, le visage enfoui dans ses mains. Un tremblement convulsif agitait ses épaules. Bantje pensa qu'elle pleurait. Pourtant, quand elle se releva enfin, elle avait les yeux secs. Lentement, comme si chacun de ses mouvements lui coûtait un effort infini, elle se dirigea vers le prince. Leurs regards se croisèrent et chacun lut dans les yeux de l'autre le même désespoir incommensurable. D'un geste las, Anga repoussa une mèche de cheveux lui barrant le visage et, d'une voix blanche, demanda :

— Et maintenant, qu'est-ce qu'on va faire ?

Bantje eut du mal à ravaler sa salive.

— Restons ici, répondit-il. Au moins pour la nuit...

Anga ne réagit pas. Et soudain, la tête appuyée contre l'encolure du cheval, elle fondit en larmes. Elle sanglotait doucement. Les larmes traçaient des sillons sur son visage couvert de poussière.

Bantje détourna les yeux. Lui aussi aurait eu envie de pleurer comme un petit garçon, mais pouvait-il se le permettre ? Tout ce qu'il réussit à dire fut :

— Moi aussi, j'ai perdu mes parents... Je comprends ce que tu ressens.

Anga acquiesça sans un mot. Peu à peu, ses sanglots s'apaisèrent. Essuyant ses joues du revers de la main, elle rejeta la tête en arrière et se mit à dénouer les lanières qui maintenaient Bantje en selle. Son visage était vide de toute expression. Après avoir libéré le jeune homme, elle l'aida à descendre du cheval et à s'allonger par terre. Puis elle glissa la selle sous sa tête. Pendant la chevauchée, le genou malade de Bantje avait énormément enflé. Le prince sentait le sang battre dans ses blessures.

Toujours en silence, Anga conduisit les chevaux au bord de l'eau. Quand elle revint quelques instants plus tard, elle dit d'une voix étonnamment calme:

— Attends ici. Je vais aller voir s'il n'y aurait pas dans le coin des moutons de notre troupeau, nous n'avons rien à manger.

— Ce n'est pas la peine, fille de Sadgoum, dit soudain une voix éraillée derrière elle. Mes provisions suffiront pour nous trois.

Effrayée, Anga se retourna brusquement. Devant elle, comme surgie du néant, se tenait N'Goula, l'ancêtre de la tribu. Ses mèches de cheveux, blanches comme neige, pendaient autour de son visage jaunâtre sillonné de rides. Elle observait Anga avec commisération.

Poussant un petit cri, Anga se précipita vers la vieille femme et tomba à ses genoux.

— N'Goula! Tu es encore en vie! Où sont les autres? Où sont mes parents?

N'Goula secoua lentement la tête. Tendant les mains, elle aida la jeune fille à se relever.

— Tes parents sont morts, mon enfant. Tous les nôtres sont morts. La terre s'est ouverte sous leurs pieds et le campement a été englouti. Quand c'est arrivé, je cherchais des herbes médicinales dans la montagne. C'est pourquoi j'ai été épargnée.

— Il n'y a donc pas de survivant ? Pas un seul ?

— Je suis l'unique survivante, prononça N'Goula d'une voix étranglée. Pourtant les dieux savent combien j'aurais offert ma vie avec joie si cela avait pu éviter la disparition de notre tribu.

Anga baissa la tête.

— Moi aussi... j'aurais préféré mourir, murmura-t-elle.

— Tais-toi, lui dit doucement N'Goula en lui saisissant le bras. Les dieux ont jugé bon de te laisser en vie.

Puis, se tournant vers le blessé :

— Que la paix soit avec toi, Prince des Chahars. À toi aussi les dieux ont accordé leur faveur.

— Que la paix soit avec toi, répondit faiblement Bantje.

— Laisse-moi examiner tes blessures, dit la vieille femme.

Retirant un poignard de sa ceinture, N'Goula découpa le pantalon en cuir et, de ses mains expertes, palpa le genou tuméfié qui avait pris un vilain aspect. Au bout d'un moment, elle releva la tête et dit:

— Ta jambe n'est pas brisée, l'os s'est simplement déboîté. Ne t'inquiète pas. Je vais te soigner. Tu vas avoir mal, mais je ne peux pas faire autrement.

— Fais ce que tu estimes devoir faire, dit Bantje. Je suis prêt à tout.

N'Goula demanda alors à Anga de déchirer des bandes de sa veste pour en faire des bandages. Puis, effleurant délicatement le genou enflé, ses mains soudain se refermèrent avec la force d'une tenaille et, d'un mouvement de rotation rapide et sec, elle remit l'articulation en place. Bantje hurla de douleur. Son buste se renversa en arrière, ses doigts cherchèrent quelque chose à attraper, tombèrent sur une branche de sapin et la serrèrent de toutes leurs forces.

N'Goula prit ensuite les bandages qu'elle enroula autour du genou.

— Voilà, dit-elle, c'est fini. Par contre, il faut que tu restes tranquillement allongé jusqu'à la nouvelle lune. Pas question, d'ici là, de remonter à cheval, sinon ton articulation se déboîterait à nouveau. Je vais encore soigner ton bras. Après, je te préparerai un breuvage qui te fera dormir.

Bien plus tard, alors que la nuit était tombée et que Bantje, sous l'effet des herbes de N'Goula, dormait d'un profond sommeil, Anga, assise près d'un feu aux côtés de la vieille femme, lui raconta ce qui était arrivé. Après l'avoir écoutée en silence, la chamane posa la main sur son épaule.

— Tu dois te montrer courageuse, ma fille. Personne ne pourra te redonner tes parents. Mais tu es jeune et vigoureuse et ta vie continue.

Anga ferma les yeux et garda un instant le silence. Puis, d'une voix faible, elle dit :

— L'esprit de mon père et celui de ma mère flottent encore au-dessus de la steppe. Je n'ai pu ni leur donner une sépulture, ni accomplir les rites.

— Ils reposent dans le giron de la terre, dit la vieille femme.

Après avoir ranimé le feu, elle ajouta :

— Allonge-toi et dors. Je monterai la garde.

En cet instant, Anga entendit comme un bruissement d'air au-dessus de sa tête. Levant les yeux, elle vit un grand oiseau venir se poser sur son épaule. C'était Tchi-Sik, son fidèle faucon ! Elle sentit des larmes lui monter aux yeux. La présence de l'animal, son contact doux et chaud lui rappelèrent d'un coup tout ce qu'elle avait perdu : la vie dans la yourte avec ses parents, l'odeur de viande d'agneau rôtie, la saveur du thé brûlant que sa mère Nirma lui tendait dans un gobelet en cuivre. Elle revit le sourire chaleureux de son père, son regard rayonnant de sagesse. Elle pensa à la voix claire de sa mère et à tous les gens qui n'étaient plus en vie.

Tous gisaient désormais sous un amas de pierres et de terre. C'était comme s'ils n'avaient jamais existé, hormis dans la mémoire d'Anga. Maintenant, elle était seule avec Tchi-Sik et Khan. Or Khan ne lui appartenait même pas, puisqu'il appartenait au prince. Dès que Bantje serait guéri, il le lui réclamerait et elle devrait une nouvelle fois s'en séparer… Mais cela avait-il en fait une quelconque importance ?

Anga s'enroula dans une couverture et s'étendit sur le sol. La vieille N'Goula, assise près du feu, montait la garde en silence. Tchi-Sik, perché sur une branche au-dessus de la couche de sa maîtresse, avait glissé la tête sous son aile. À travers la ramure de l'arbre, Anga regardait scintiller les étoiles et une remarque de Bantje lui revint à l'esprit: «Rien n'a changé dans le ciel. Seules les montagnes se sont effondrées.» Toutes les étoiles étaient immuablement à leur même place et il en serait ainsi pendant des milliers et des centaines de milliers d'années. N'était-ce pas une consolation?

Épuisée, Anga ferma les yeux. Ses paupières étaient brûlantes. Glissant une main sous sa joue, elle s'endormit.

Chapitre 12

Le lendemain, sitôt réveillée, Anga sella le cheval blanc et descendit dans la plaine. Malgré les mises en garde de N'Goula, elle était fermement décidée à aller explorer l'endroit où s'était trouvé le campement. Secrètement, elle espérait un miracle. Hélas, elle ne trouva que ruines et désolation. Le sol s'était littéralement ouvert et avait englouti tout le campement dans ses profondeurs. Le mugissement de la rivière, en amont, grondait dans ses oreilles. Les glissements de terrain avaient détourné son cours. Son lit avait disparu. En direction de la vallée, un large étang marécageux s'était formé dans lequel flottaient des arbres déracinés et des cadavres d'animaux.

À son retour, Anga vit Bantje, le dos appuyé contre la selle. Sa fièvre semblait être tombée. La médication de la vieille femme avait visiblement agi. Se sentant plus fort et ne voulant pas rester inactif, le prince taillait une branche pour en faire un arc. Un coup d'œil sur Anga lui suffit pour comprendre qu'il n'y avait plus le moindre espoir.

Il demanda quand même :

— Et alors ?

Elle se laissa tomber par terre à côté de lui.

— J'aurais préféré ne jamais l'avoir vu. Mais j'avais besoin d'en avoir le cœur net.

— Je comprends.

Bantje regarda furtivement vers elle.

— Je voudrais te dire quelque chose, commença-t-il d'une voix hésitante.

Anga leva la tête et surprit son regard gêné.

— Tu as été vraiment courageuse de me sauver la vie ! finit-il par dire.

Elle esquissa un sourire.

— Qu'aurais-tu fait à ma place ?

La réponse de Bantje fut sans détours.

— La même chose que toi !

— Tu vois ?

Bantje reprit l'arc inachevé, le tournant et le retournant dans ses mains.

— J'ai... j'ai encore autre chose à te dire. Je me suis très mal comporté envers toi.

Cette phrase lui avait beaucoup coûté. Anga se tut, surprise d'un tel aveu, mais aussi parce qu'elle ne savait pas que répondre.

— J'étais persuadé que Khan m'appartenait, reprit Bantje, réduisant en morceaux l'arc qu'il venait de commencer. Pourtant, j'aurais dû renoncer à lui quand j'ai vu combien il t'était cher. Mais je voulais que ma volonté l'emporte. Pardonne-moi, Anga !

Anga avait du mal à comprendre. Pourquoi Bantje, le prince des Chahars, s'abaissait-il devant elle ? Cela la mettait mal à l'aise et, en même temps, elle se sentait très émue.

— Oublie tout ça, dit-elle gentiment. Khan t'appartient, tu le sais.

Il secoua vivement la tête.

— Non, c'est ton cheval.

Un sourire timide, incrédule, apparut sur le visage d'Anga.

— Tu parles sincèrement ? murmura-t-elle, la voix rauque. Ou bien te moques-tu de moi ?

— Je te le jure ! dit Bantje, prenant un air solennel. Sur la tête de mes ancêtres !

Anga poussa un soupir de soulagement. Elle

ignorait la cause de ce revirement, mais elle sentit son cœur s'alléger d'un grand poids.

— Je te remercie, prince Bantje!

Elle voulut s'incliner devant lui, mais Bantje la retint aussitôt.

— C'est moi qui devrais me prosterner devant toi!

Anga leva la tête et son regard se perdit dans le lointain. En cet instant, Bantje eut l'impression de voir pour la première fois la délicatesse de sa nuque, la finesse de ses sourcils.

Les paroles d'une chanson très ancienne lui revinrent en mémoire :

Ses sourcils ont la délicatesse des feuilles de saule,

Et ses yeux ont l'éclat des eaux au printemps.

Autour d'eux, tout n'était que mort et désolation. Pourtant, Bantje eut envie de réciter ces vers à Anga. Mais lui qui ne s'était jamais montré timide envers les filles fut incapable de sortir un seul mot.

De toute façon, Anga s'était déjà dépliée comme une liane et s'était relevée.

— Je vais faire du feu, dit-elle d'un ton enjoué.

Se détournant, elle partit dans le sous-bois à la recherche de quelques branches sèches. Bantje ne chercha pas à la retenir.

Chapitre 13

Puisque Bantje était condamné par N'Goula
à de longues semaines de repos absolu, les trois
survivants tentèrent de s'organiser tant bien
que mal dans la montagne. N'Goula avait trouvé
quelques moutons égarés de l'ancien troupeau
et, avec l'aide d'Anga, elle avait construit un
petit enclos pour éviter que les animaux ne
s'échappent. Heureusement, c'était l'été. On
pouvait vivre en plein air sans avoir à craindre
les loups.

Bantje souffrait de son inactivité. Grâce
aux bons soins de N'Goula, il avait recouvré des
forces et sa jambe ne le faisait plus souffrir.
Lentement, la blessure au bras guérissait.
Pourtant, le jeune homme avait du mal à calmer

son impatience. Il voulait partir, rejoindre son peuple. Il se méfiait de son cousin Maalek, un homme ambitieux et sans scrupules, n'ayant jamais montré que du mépris pour la manière sage de gouverner de Naïdoung Djaman. Bantje avait toujours su qu'à la mort de son père il rencontrerait en Maalek un adversaire impitoyable et dangereux. Or, ce dernier était peut-être en train de profiter de sa trop longue absence pour déclarer l'extinction de toute la famille du khan. Dans ce cas, qui pourrait l'empêcher de se faire proclamer nouveau souverain des Chahars?

L'inquiétude de Bantje croissait de jour en jour. Il tempêtait de ne pouvoir rien entreprendre. N'Goula lui avait dit qu'il devait attendre jusqu'à la nouvelle lune.

Lorsque l'état de sa jambe se fut amélioré, N'Goula l'autorisa à se confectionner une béquille et à faire quelques pas. Habitué à se déplacer librement, sans réfléchir, il supporta difficilement de marcher comme un vieillard. Souvent, il maudissait sa destinée qui l'avait projeté au fond d'une crevasse, même s'il lui fallait admettre qu'il avait eu de la chance dans son malheur. Il aurait pu si facilement y trouver la mort!

Il essayait, devant Anga surtout, de dissimuler son irritation. Il admirait le calme de la jeune fille et l'incroyable sang-froid avec lequel elle supportait son destin.

De jour en jour, Bantje sentait croître son attirance pour la jeune fille. Elle était si différente de toutes celles qu'il avait connues jusqu'alors. Sa beauté n'avait besoin ni de fard, ni de riches vêtements de soie. Elle portait sa veste déchirée et son pantalon de chasse crasseux comme s'il s'était agi des plus nobles atours et son charme était d'un naturel surprenant. Son courage était à l'égal de sa beauté. Bantje n'oublierait jamais comment elle lui avait sauvé la vie, alors qu'il l'avait humiliée. « Et moi, songeait-il, qu'aurais-je fait à sa place ? Lui aurais-je, moi aussi, pardonné l'humiliation qu'elle m'avait infligée ? »

Honnête envers lui-même, Bantje ne voulait pas se chercher de fausses excuses, et son interrogation resta sans réponse.

En revenant de la rivière un matin, Anga aperçut une petite caravane qui avançait lentement dans la steppe. Elle se hâta de rejoindre Bantje et N'Goula pour les en informer. Les voyageurs avançaient dans leur direction.

Il s'agissait de deux marchands de la tribu

kirghize, montés sur des chameaux richement harnachés, arborant des tenues raffinées, rehaussées de parures de prix. Leurs boucles d'oreilles en or étincelaient au soleil et des bagues ruisselaient de lumière à chacun de leurs doigts.

Lorsque, surgissant de derrière une colline, ils tombèrent sur les trois pauvres hères en haillons, ils prirent peur. L'un d'eux se saisit de son fusil, posé en travers de la selle. Mais s'apercevant qu'il n'avait devant lui qu'une vieille femme et deux adolescents, il se rassura. Les deux hommes immobilisèrent leurs chameaux.

— Que la paix soit avec vous, leur cria Bantje en se relevant à l'aide de sa béquille. D'où venez-vous?

— Nous venons de la ville de Kwei-Soui et nous allons vers les montagnes de Gobi, répondit l'un des hommes.

Bantje songea : « Ces marchands peuvent peut-être me rendre un service. »

— Prenez le temps de vous arrêter un instant, dit-il. Depuis le tremblement de terre, nous ne savons plus rien du reste du monde. La ville de Kwei-Soui est-elle encore debout?

Les hommes firent agenouiller leurs chameaux et mirent pied à terre. Leurs amples manteaux de soie se gonflaient au vent comme de gigantesques pétales rouges.

— Kwei-Soui a été épargné, répondit l'homme qui avait déjà pris la parole. Les environs, eux, ont été énormément touchés.

— Si vous allez vers Gobi, vous traverserez donc le pays des Chahars ? s'enquit Bantje.

— Oui, répondit le marchand. Nous avons des ballots de soie de la plus haute qualité, des bijoux en jade et en corail pour les femmes. Nous avons aussi des sabres et des épées sertis de pierres précieuses, et...

Bantje l'interrompit d'un geste impatienté. Il avait hérité du traditionnel mépris des guerriers envers les marchands et trouvait superficiel de prêter davantage attention à cet étalage vaniteux.

— Dans ce cas, vous irez voir les Chahars, dit-il d'un ton habitué à commander. Vous les informerez que Bantje, leur prince, a échappé à la mort et vous leur demanderez de m'envoyer une escorte de soldats et une litière.

Sur le coup, les marchands restèrent muets de stupéfaction, puis ils éclatèrent de rire. Quoi ! Ce jeune homme en haillons, marchant clopin clopant avec sa béquille, affirmait être le fils du khan des Chahars ? Le tremblement de terre lui aura certainement dérangé l'esprit !

— Je ne vous raconte pas d'histoire! dit Bantje, railleur.

— Et qui nous prouve que tu dis la vérité? Quel témoignage de ce que tu affirmes devons-nous présenter aux Chahars?

Bantje se mordit les lèvres de colère. Comment! Ces simples boutiquiers le prenaient pour un menteur? Ils voulaient une preuve? Eh bien, ils l'auraient! D'un geste brusque, il entrouvrit sa veste et retira une chaîne en argent de son cou, portant en pendentif l'image sculptée dans le jade d'un faucon aux ailes déployées, insigne de la royauté.

— Tenez, en voilà la preuve! dit-il avec mépris. Doutez-vous toujours de ma parole?

Prenant conscience de leur maladresse, les hommes furent extrêmement gênés. Après avoir reçu dans leurs mains le précieux objet, ils se confondirent en courbettes obséquieuses.

— Nous avons dû être aveuglés par le soleil, sinon nous aurions immédiatement reconnu le prince et nous n'aurions pas commis cette erreur impardonnable. Nous transmettrons ton message, noble seigneur, et nous te supplions de nous épargner ton courroux!

— C'est bon, dit Bantje d'un ton sec. Puis il leur fit signe de s'en aller.

Les marchands s'éloignèrent volontiers, reculant en multipliant les révérences jusqu'à leurs chameaux. Les animaux tendirent le cou, se redressèrent en tanguant, puis, de leur démarche balancée, se mirent en marche vers le sud.

— Ces hommes ne m'inspirent vraiment pas confiance, marmonna Bantje. Mais je n'avais pas le choix.

Les jours suivants s'étirèrent comme les précédents. L'été touchait à sa fin et les nuits devenaient plus fraîches. Bantje passait ses journées au bord de leur promontoire d'où il pouvait voir la steppe désolée s'étendant jusqu'au lointain. Anga restait non loin de lui, lorsque la vieille N'Goula, demeurée fidèle à une activité pratiquée tout au long de sa vie, partait dans les vallons à la recherche d'herbes médicinales.

Anga et lui se parlaient peu. Perdues dans leurs pensées, ils laissaient les heures s'écouler et ne prenaient conscience de la fin du jour qu'en voyant les ombres s'allonger. Parfois, Bantje regardait la jeune fille à la dérobée et brûlait du désir de lui caresser la main. Mais l'attitude réservée d'Anga l'intimidait. Depuis le tremblement de terre, elle avait beaucoup changé. Elle était moins vive, moins enjouée qu'avant, comme si tout son être était tourné vers l'intérieur. Tout cela le décontenançait énormément. Pourtant, plusieurs fois Bantje avait senti son regard posé sur lui, ce qui le mettait encore plus mal à l'aise. Que pensait-elle de lui? Le plus irritant était de ne pas trouver le courage de le lui demander.

La vérité était extrêmement simple. Anga avait beau s'en défendre, elle découvrait qu'elle était tombée amoureuse du prince. Comment la haine qu'elle lui avait vouée au départ et qu'elle avait cru si profondément ancrée en elle avait-elle pu disparaître? «Peut-être parce que je lui ai sauvé la vie», songeait-elle. Comme son père le lui avait dit un jour: «Quand tu sauves la vie d'un être, un lien invisible t'attache à lui que rien ni personne ne pourra jamais briser.»

Oui, mais Bantje était un prince et, de surcroît, l'héritier d'un souverain. Elle n'était qu'une fille des steppes et, en dehors des quelques hardes qui recouvraient son corps, elle ne possédait plus rien, absolument plus rien! Elle n'avait aucunement le droit de penser à un tel lien. Effrayée à l'idée qu'elle puisse se trahir d'un regard ou d'une parole, elle se repliait derrière une froide réserve.

Le temps passait, et l'escorte de cavaliers chahars se faisait toujours attendre. Bantje en conclut que les marchands s'étaient évanouis dans la nature avec son précieux pendentif, sans se soucier de leur promesse. Un soir, alors que N'Goula revenait de la forêt avec sa moisson d'herbes, il n'y tint plus. Jetant au loin sa béquille, il alla au-devant d'elle en claudiquant.

— Maintenant, c'est décidé. Je pars ! lança-t-il.

N'Goula répondit en hochant la tête :

— C'est très imprudent, noble seigneur. Ta jambe n'est pas encore guérie.

Bantje montra la lune pas plus grosse qu'un croissant.

— Tu m'as dit qu'à la nouvelle lune je pourrai retourner vers mon peuple. Alors ?

Bantje pensait avoir eu le dernier mot. Mais N'Goula, le regardant droit dans les yeux, lui répliqua :

— Tu veux rester un estropié jusqu'à la fin de tes jours ?

Sans un mot, Bantje reprit la béquille. Autrefois, il se serait laissé emporter par la colère. Aujourd'hui, il avait appris à contrôler ses réactions. Une parole de son père lui revint en mémoire : «Avant de prononcer un jugement, prends un caillou dans ta bouche et retourne-le sept fois avec ta langue.»

L'esprit songeur, Bantje revint en boitillant vers le feu et s'agenouilla près d'Anga qui faisait rôtir de la viande de mouton. Après quelques instants de silence, subitement il demanda :

— Anga, m'accompagneras-tu quand je retournerai dans mon pays ?

— T'accompagner ? demanda-t-elle, interloquée. Mais, tu sais bien que je dois rester…

Elle s'interrompit, venant de prendre conscience qu'en fait elle n'avait nulle part où rester.

— Tu m'as sauvé la vie, reprit Bantje, cherchant à donner du poids à ses mots. C'est à moi, maintenant, de m'occuper de toi. Je… j'aimerais tant que tu viennes avec moi !

— Le prince a raison, dit N'Goula, qui venait de les rejoindre. Tu dois partir avec lui.

Anga dévisagea la vieille femme.

— Et toi ? Que vas-tu devenir ?

N'Goula tendit ses doigts maigres au-dessus des flammes.

— Je suis trop âgée pour entreprendre un tel

voyage. D'ailleurs, la mort ne se fera plus attendre longtemps.

Le cœur rempli de tristesse, Anga se rendit compte que la vieille femme avait raison et un profond soupir souleva sa poitrine. Le prince, dans l'attente de sa réponse, s'efforçait de masquer son inquiétude.

— Alors? demanda-t-il une nouvelle fois.

Anga hocha la tête.

— Je partirai avec toi.

Chapitre 14

Le lendemain, alors qu'Anga et N'Goula ramenaient leur petit troupeau de moutons au campement, la jeune fille soudainement posa la main sur le bras de la vieille femme.

— Regarde ! Là, en bas !

N'Goula plissa des yeux. Trois cavaliers arrivaient, se frayant un passage entre les rochers. Il était difficile de discerner leurs visages, cependant Anga et la vieille femme purent voir qu'ils étaient armés jusqu'aux dents.

— Des voleurs de chevaux ! chuchota Anga. Vite, conduis les moutons à l'enclos et avertis le prince ! Moi, je vais rester en observation ici pour savoir ce qu'ils manigancent.

N'Goula ne se perdit pas en paroles inutiles.

Elle agita son bâton et pressa les moutons. En peu de temps, elle disparut dans le sous-bois.

Anga s'accroupit entre les rochers. Les inconnus avaient immobilisé leurs montures et examinaient des empreintes sur le sol tout en se parlant à voix basse. Ce mystérieux conseil de guerre éveilla les soupçons d'Anga, car n'importe quel promeneur animé de bonnes intentions aurait marché à découvert à l'approche d'un campement. De toute évidence, ces trois-là ne voulaient pas être vus. Les observant attentivement, Anga remarqua que les sabots de leurs chevaux étaient enveloppés de chiffons, comme s'ils souhaitaient ni laisser de traces, ni être entendus. Il n'y avait plus de doute possible. Ces hommes ne pouvaient être que des brigands.

Le trio descendait maintenant le flanc de la montagne et se dirigeait vers la jeune fille. Anga jugea plus prudent de revenir sur ses pas. Se faufilant entre les rochers, le corps courbé en avant, elle courut vers le campement. Derrière elle, elle entendait déjà des craquements de branches et le martèlement sourd des sabots. Elle frissonna. Le chemin emprunté la faisait passer par une clairière, en bordure d'un ravin. Il n'y avait pas un endroit où se cacher. À moins d'avoir encore le temps de descendre au fond de la crevasse? Vive comme un écureuil, elle traversa la clairière en courant, bondit au-dessus de quelques troncs d'arbres en travers de sa route, abattus par la tempête, et se coula entre les rochers.

Entendant dans son dos une voix la héler, Anga se retourna. Un cavalier venait de surgir de derrière un énorme rocher. Il l'avait vue et pointait déjà sa lance vers elle. Le sol tremblait sous le galop de son cheval. Faisant un écart brusque, la jeune fille se jeta à terre et s'aplatit sur le sol derrière la souche d'un arbre. Au même moment, la lance pourfendit l'air à deux doigts de sa tête et alla se ficher dans la terre meuble. D'un bond, Anga se remit debout. Mais le cheval était déjà sur elle, elle voyait sa bouche écumante et les yeux étincelants de cruauté du cavalier. Le cheval passa si près qu'elle sentit la chaleur de son corps. Elle eut tout juste le temps de rouler sur le côté pour éviter ses sabots. La bête était lancée et le cavalier ne put la faire ralentir à temps. L'animal continua de descendre la pente au milieu des troncs d'arbres. L'homme ne savait pas que, derrière les troncs, la pente douce s'interrompait brutalement et tombait à pic dans un ravin. Lorsqu'il s'en aperçut, il était trop tard.

Recroquevillée au sol, Anga était tétanisée d'effroi. Son regard fixait l'endroit d'où s'élevaient des nuages de poussière et où, il y a un instant encore, se trouvait son poursuivant. Mais un nouveau martèlement de sabots la tira de son engourdissement. Elle fit volte-face. Déjà le second cavalier arrivait sur elle. Paniquée, Anga regarda autour d'elle. Elle se trouvait à quelques pas du dangereux précipice et n'avait pas la possibilité de fuir dans une autre direction. Sans plus réfléchir, elle sauta. Elle entendit l'air siffler à ses oreilles. Par bonheur, elle tomba dans un buisson qui atténua sa chute. De là, elle roula encore quelques mètres avant de pouvoir se relever. Aussitôt, elle jeta un regard à la ronde. Son premier poursuivant gisait avec son cheval au fond du ravin. Quant au second, il demeurait invisible. Elle hésita, se demandant vers où fuir. C'est alors qu'elle aperçut le deuxième meurtrier sur le bord opposé du ravin. Il l'avait vue et s'appliquait à la viser de sa lance. Anga fit demi-tour et chercha une échappée à travers des buissons. Des branches lui lacéraient le visage, des ronces s'accrochaient à ses vêtements. Mais les buissons la dissimulaient en partie. Elle poursuivit sa course, trébucha sur une racine et tomba à terre, se reprit et, hors d'haleine, le cœur battant, reprit sa course. Des points rouges et jaunes lui brouillaient la vue. C'est à peine si elle pouvait voir où elle allait. À chaque pas, elle ressentait une douleur aiguë dans les chevilles.

Soudain, une silhouette se dressa devant elle. Anga haleta d'effroi. À son grand soulagement, elle reconnut Bantje, le dos appuyé à une paroi rocheuse. Il tenait son arc à la main, prêt à tirer.

Sortant du sous-bois dans un craquement de branches sèches, le poursuivant d'Anga apparut. Bantje leva son arc. La flèche siffla dans les airs. Le cavalier s'effondra sur sa selle, tomba à terre et bascula lui aussi dans le ravin. Soudain, le dernier bandit surgit à son tour, faisant tournoyer son épée au-dessus de Bantje et d'Anga. Une nouvelle fois, Bantje tendit son arc et tira. Atteint en pleine poitrine, l'homme s'affaissa. On entendit un râle, puis plus rien.

Lentement, Bantje abaissa son arc et échangea un regard avec Anga. Le souffle coupé, ils tendirent l'oreille.

Dans la forêt, le silence était revenu. Les deux jeunes gens savaient que les criminels ne leur auraient laissé aucune chance. Quelques instants plus tard, ils virent N'Goula sortir prudemment d'entre les arbres. Anga lui fit comprendre d'un geste que tout danger était écarté.

Le prince prit sa béquille et se dirigea en claudiquant vers l'homme gisant à terre. Hésitant entre la crainte et le dégoût, Anga le suivit, les jambes tremblantes.

Anga se pencha sur le cavalier, allongé face contre terre, et le retourna sur le dos. Même mort, le misérable continuait d'inspirer la peur. Subitement, Bantje laissa échapper un cri. Ses traits se durcirent.

— C'est un Chahar !

Anga le dévisagea.

— Tu en es sûr ? Ça n'est pas possible !

Bantje hocha la tête, ne voulant y croire. Pourtant, il n'y avait pas à s'y tromper.

— Regarde son visage, ses vêtements ! C'est un homme de mon peuple.

Anga frissonna.

— Tu penses que ces hommes étaient à ta recherche ?

Bantje, la mine sombre, acquiesça.

— Sûrement. Mais pas pour me conduire chez moi.

Ramassant le sabre que l'homme avait laissé tomber, il l'examina attentivement.

— Tiens, regarde sur le manche. Les armoiries de la garde rapprochée du khan !

De son poignard, Bantje trancha un bouton en cuivre de la veste du mort portant, en relief, l'emblème d'un serpent lové sur lui-même.

— Je vais garder un bouton de chacune de ces trois canailles, expliqua-t-il à Anga qui le regardait faire avec surprise. On ne sait jamais. Cela peut m'être utile.

Anga rattrapa les chevaux des deux autres cavaliers et les attacha à un piquet. Puis ils fouillèrent les bagages et découvrirent une quantité de pièces et de bijoux chinois.

— Des pillards ! murmura Anga avec mépris. Cependant, Bantje était persuadé qu'il y avait un lien entre les marchands kirghizes et les trois brigands. Son inquiétude grandit. Que s'était-il passé en son absence ? Serait-il devenu la victime d'une conspiration ?

— Je n'ai plus un moment à perdre ! lança-t-il d'une voix décidée. Je dois retourner au plus vite vers mon peuple. Chaque jour compte.

Chapitre 15

Trois jours plus tard, alors que la lune d'automne entrait dans son dernier quartier, N'Goula examina le genou de Bantje et se montra satisfaite. Désormais, Bantje pouvait marcher sans béquille et, même s'il traînait encore un peu la jambe, N'Goula lui avait assuré que cela finirait par disparaître assez vite. Chaque jour, il s'entraînait au tir à l'arc et au lancer du javelot. Son bras avait retrouvé sa mobilité. Bantje était jeune. En peu de temps, il serait définitivement rétabli.

— Le moment est venu, prince, dit N'Goula. Plus rien ne s'oppose à ton départ.

Bantje regarda la chamane avec émotion.

— Comment te remercier pour tout ce que tu as fait pour moi ?

— Ta reconnaissance se lit dans tes yeux, dit N'Goula, posant la main sur son épaule. Que les dieux te protègent !

Le lendemain, les deux jeunes gens sellèrent leurs chevaux avant le lever du jour.

Anga serra la vieille femme dans ses bras. Elle eut beau la supplier de venir avec eux, N'Goula demeura inébranlable.

— Va, ma fille, va. Tu trouveras ton bonheur. Je reste ici et veillerai sur les esprits des morts.

Le cœur triste, Anga prit les rênes de Khan et sauta en selle. Puis elle lança un sifflement et Tchi-Sik vint se percher sur son épaule. Après un dernier geste d'adieu, Bantje mit son cheval au pas et Anga le suivit. Chacun tenait par la bride un cheval de bât. Anga jeta un dernier regard mélancolique sur le cratère où, autrefois, s'était trouvé le campement des siens.

N'Goula, debout sur le versant de la montagne, suivit les cavaliers des yeux. Lorsqu'ils ne furent plus que deux petits points noirs dans la plaine, elle se détourna, puis disparut sans bruit sous les arbres.

Anga et Bantje chevauchèrent quatre jours durant, quasiment sans s'arrêter. Tchi-Sik les suivait, tournoyant au-dessus de leur tête. La nuit, ils ne dormaient que quelques heures et, avant même le lever du soleil, ils se remettaient en chemin. Peu à peu, ils s'éloignèrent de la région touchée par le tremblement de terre. Ils rencontrèrent de moins en moins de traces du séisme et finirent par atteindre une région où les parois rocheuses et les collines étaient demeurées intactes, où la vaste plaine des steppes s'étendait jusqu'à l'horizon depuis la nuit des temps et où des arbres millénaires découpaient leur cime dans le ciel.

L'automne approchait. Aux premières heures du jour, les collines étaient couvertes de givre et, dans le lointain noyé dans la brume, les montagnes portaient déjà des couronnes de neige.

De temps en temps, les cavaliers abattaient du gibier pour s'alimenter. Mais jamais ils ne s'autorisaient une longue halte. Bantje était tenaillé par l'inquiétude. Souvent de sombres pensées l'assaillaient.

Il fit part à Anga de son terrible pressentiment. Il craignait qu'en son absence des choses graves se soient passées.

— Que feras-tu alors? demanda Anga.

Les yeux verts de Bantje étincelèrent:

— Si Maalek s'est emparé du pouvoir, il n'échappera pas à son juste châtiment.

— Crois-tu qu'il aurait osé?

— Tu ne connais pas Maalek ! répondit Bantje, d'une voix amère. Il est rusé et perfide comme un renard. Mon père était juste et bon, il gouvernait avec sagesse. Maalek conduira mon peuple à sa perte, car il ne pense qu'à lui-même.

Au bord de la route des caravanes, ils aperçurent une pyramide de pierres amoncelées, plus haute qu'un homme, fichée sur tous ses côtés de lances rouillées auxquelles flottaient de grandes banderoles en soie, ternies par les intempéries. À certaines de ces lances étaient suspendus des ossements d'animaux enfilés en colliers, et des piécettes de cuivre qui se balançaient dans le vent. C'était un vieil Obo, un autel sacrificiel existant depuis la nuit des temps, où tout passant déposait ou accrochait un objet afin de s'attirer la grâce des dieux au cours de son voyage ou de son pèlerinage.

Anga et Bantje s'arrêtèrent eux aussi et descendirent de leur monture. Mais ne possédant plus la moindre offrande, chacun rechercha juste un caillou bien rond et bien blanc qu'ils déposèrent près de l'Obo en récitant une prière. Puis ils remontèrent en selle et poursuivirent leur route.

Au coucher du soleil, ils firent halte au pied

d'une falaise, pour y passer la nuit. Bantje cher-cha des écorces de bouleaux et commença à pré-parer un feu. Anga dessella les chevaux et les mena jusqu'à une rivière non loin de là qui s'écoulait en bordure de la forêt. Les laissant patauger dans l'eau peu profonde, elle entra elle aussi dans le lit de la rivière, sautant pru-demment sur des pierres humides et moussues, pour se rafraîchir le visage et les mains. Soudain, les chevaux donnèrent des signes d'in-quiétude. Pointant les oreilles, Khan se mit à hennir et à marteler les pierres de ses sabots comme s'il pressentait un danger. Anga se redressa lentement et scruta les environs. L'eau ruisselait sur son visage. Lorsqu'elle revint sur la terre ferme, un craquement provenant du sous-bois la fit s'immobiliser. Les chevaux, apeu-rés, hennirent et s'agitèrent de plus belle. C'est alors qu'Anga aperçut la silhouette massive d'un ours. L'animal l'observait, le regard méfiant, la tête énorme inclinée vers l'épaule d'un air faussement débonnaire.

Après une fraction de seconde d'effroi, Anga retrouva son calme. Elle recula lentement, la main sur son poignard et le regard braqué sur le fauve. Si elle réussissait à atteindre l'autre berge de la rivière, elle serait sauvée. L'eau froide giclait sur ses mollets. Elle avançait pas à pas, toujours à reculons, serrant le poignard dans sa main. Son contact lui donnait de l'assurance. Elle aurait aimé pouvoir appeler Bantje à son secours, mais elle craignait que sa voix excite l'animal. À un moment donné, elle mit le pied sur une pierre branlante et glissante, perdit l'équilibre et tomba dans l'eau, laissant échapper son poignard. Elle vit alors l'ours se redresser sur ses pattes de derrière et entrer dans la rivière. Épouvantée, elle essaya de trouver un appui, mais ses doigts dérapèrent sur les pierres mouillées. L'ours était maintenant si près d'elle qu'elle sentait sa forte odeur. Alors, elle se mit à crier à l'aide de toutes ses forces, en même temps qu'elle cherchait à se protéger le visage de son bras. Avant même que l'écho de ses cris lui revienne, un autre bruit se fit entendre. Dans un soulèvement d'eau et d'écume, un corps blanc se dirigeait vers l'ours. C'était Khan qui arrivait au galop! Il se jeta sur l'ours, lui martelant le corps de ses jambes antérieures. Poussant des grognements effrayants, l'ours recula, pattes dressées pour se protéger. Khan se cabra à nouveau en hennissant. Tout d'un coup, il se laissa tomber de tout son poids sur l'ours. Ses sabots frappèrent l'air comme des massues. Mais, s'étant ressaisi, l'ours s'apprêta à contre-attaquer. Réussissant à esquiver les ruades du cheval blanc, il se jeta, toutes griffes dehors, sur son assaillant. Un flot de sang jaillit sur le pelage blanc de Khan. Celui-ci hennit de douleur, secoua furieusement la tête et repartit à la charge.

Cette fois, l'ours, qui attendait de pied ferme, esquiva l'assaut d'un retournement brusque et, immédiatement après, il agrippa de ses pattes de devant le cou du cheval blanc. Tous deux roulèrent à terre. Anga, paralysée d'effroi, se cramponnait désespérément à une pierre. L'air n'était plus qu'un mélange terrible de hennissements, de grognements et de gémissements.

Soudain, Khan put se libérer et se releva en titubant. L'ours, resté à terre, fouetta l'air de ses pattes, puis roula sur le côté en poussant un long grognement. Anga vit alors une lance, oscillant encore, plantée dans la nuque de l'animal et, dans le même temps, elle aperçut Bantje entre les arbres. Elle voulut l'appeler, mais aucun son ne sortit de sa gorge. Maintenant, l'ours grattait frénétiquement le sol. Puis il leva la tête et poussa un hurlement horrible qui s'étrangla peu après dans un gargouillement pitoyable. Ses mouvements se firent de plus en plus lents. Il s'étira. Sa tête bascula sur le côté. Il cessa de bouger.

Le silence revint sur la forêt. Seul un cri d'oiseau traversa la nuit. Anga se redressa et regagna la berge en vacillant.

Demeuré jusque-là immobile, Bantje prit une grosse pierre et la lança sur l'ours. L'animal ne bougea pas. Alors le jeune homme se précipita vers Khan, debout à quelques mètres d'un buisson. Son pelage blanc luisait dans la pénombre. Trébuchant à chaque pas, Anga courut elle aussi vers lui et vit le sang qui jaillissait de son cou au rythme de sa respiration.

Elle s'immobilisa, paralysée, incapable de parler, de penser ou de faire quoi que ce soit. Et sans cesse, le cri sinistre de cet oiseau de nuit qui lui transperçait les oreilles !

S'approchant doucement du cheval blanc, Bantje tendit le bras vers lui, lui posa une main sur le front et attendit. Excepté sa difficulté à respirer, Khan n'exprimait rien. Ses yeux étaient déjà voilés. Soudain il fut parcouru d'un tremblement. Très lentement, il s'affaissa sur les genoux, puis s'effondra sur le flanc, colorant les buissons de son sang.

Bantje serra les lèvres. D'un geste mesuré et

réfléchi, il sortit une flèche de son carquois, tendit son arc et s'apprêta à tirer.

En cet instant seulement, Anga sortit de son état d'hypnose. Poussant un cri, elle se jeta sur le prince.

— Non, Bantje! Non!

— Je dois le faire, dit Bantje presque sans voix, le visage étrangement absent. Khan est perdu.

Anga le regarda tout d'abord d'un air horrifié. Puis, d'un bond, elle s'interposa entre Khan et lui.

— Non, Bantje! Non! Pas ça!

— Il va mourir, répliqua le prince, les lèvres blafardes. Tu veux le laisser souffrir?

— Non! hurla Anga, éclatant en sanglots.

Bantje essaya de l'écarter, mais elle s'accrocha de toutes ses forces à son bras. Elle aurait aimé pouvoir le frapper, le griffer, lui faire mal d'une manière ou d'une autre. Quoi! Tuer Khan! Non, elle ferait tout pour l'en empêcher! Jamais il ne ferait du mal à son cheval, jamais! Il n'en avait pas le droit!

Bantje la repoussa plus violemment qu'il ne l'aurait voulu. Elle vacilla, trébucha sur une racine d'arbre et tomba à terre. Bantje profita de cet instant pour tendre son arc. La corde vibra. La flèche s'enfonça profondément dans le corps du cheval de lune, exactement à l'emplacement du cœur. L'animal essaya de se remettre debout, mais les forces lui manquèrent, et il retomba. Le regard hébété, il fixa le prince. Puis il mourut.

Anga était pétrifiée.

— Tu l'as… tu l'as tué…, finit-elle par dire d'une voix blanche.

Bantje ne répondit pas. Il se détourna et alla s'appuyer contre un arbre. Il examina son arc, une expression de dégoût sur le visage. Et, d'un geste brusque, il jeta son arme.

Lentement, comme si chaque pas lui demandait un effort surhumain, Anga alla vers le cheval blanc. Elle se laissa glisser dans l'herbe, empoigna des deux mains sa crinière et lui murmura des choses incompréhensibles. Puis, le visage appuyé contre son corps ensanglanté, elle s'abandonna à son chagrin, versant des torrents de larmes. Le sang dans le pelage de Khan commençait à sécher. La brise légère du soir continuait de soulever sa crinière. Anga sentait sous sa joue le corps du cheval blanc se refroidir et lui devenir étrangement lointain.

Quelques instants plus tard, Bantje effleura

le bras de la jeune fille. Elle tressaillit et eut un geste de recul.

— Laisse-moi! sanglota-t-elle. Laisse-moi donc!

— Anga! supplia Bantje. Anga! Nous devons poursuivre notre route. Tu ne peux pas rester ici.

Semblant ne pas entendre tout ce qu'il y avait de désespoir dans la voix de Bantje, elle répéta:

— Laisse-moi!

Se penchant sur elle, le jeune homme l'empoigna par les épaules et l'obligea à se relever. Elle n'opposa plus la moindre résistance.

Le regard embué par les larmes, Anga crut voir une dernière fois Khan s'éloigner au galop, la tête droite, noble et fière, et disparaître pour toujours dans l'étendue infinie des steppes.

Chapitre 16

Lorsque Anga ouvrit les yeux, elle fut aveuglée par la lueur rougeoyante d'un feu. Elle était allongée sur le sol, la tête appuyée contre une selle. Visiblement, elle avait dormi. Clignant des yeux, elle se redressa à moitié, prenant appui sur ses coudes. Elle regarda autour d'elle et comprit qu'elle était seule. Elle se releva en titubant et scruta les alentours.

— Bantje !

Rien, pas un bruit. Puis la voix du prince lui parvint du sous-bois.

— Je suis ici.

Anga fit quelques pas en direction de la voix, entendit des craquements de branches sèches. C'est alors que Bantje lui apparut, sortant du sous-bois. Il avait l'air embarrassé et gardait la tête baissée, comme pour éviter son regard.

— Que fais-tu? demanda-t-elle, inquiète.

Bantje se frotta la nuque, jeta un bref coup d'œil vers Anga et prononça, d'une voix brisée:

— Je… je ne pouvais quand même pas le laisser comme ça!

Anga se raidit, pressa les lèvres, puis fit un pas vers Bantje.

— Je viens t'aider, lui dit-elle.

Ensemble, ils s'enfoncèrent dans la forêt. Il faisait sombre. Aucun ne disait mot. De la rivière leur parvenaient le bruissement de l'eau et le coassement des grenouilles. À la pâle lueur des étoiles, Anga vit le tas de pierres que Bantje avait dressé sur le corps sans vie de Khan. Le pelage blanc avait déjà presque totalement disparu sous sa sépulture de pierres grises.

En silence, s'efforçant de retenir leurs larmes, ils poursuivirent à deux le travail commencé. De leurs ongles, ils grattèrent la terre pour pouvoir en dégager des blocs de pierre à moitié enfouis. Ils s'acharnèrent inlassablement jusqu'à ce qu'une pyramide recouvre le cheval et protège son cadavre des animaux de proie et des oiseaux.

Après avoir accompli leur tâche, Anga essuya

son front baigné de sueur de ses mains égrati-
gnées. L'effort avait été grand. Épuisée, elle se
sentit au bord de l'évanouissement.

Écartant les broussailles, Bantje marcha vers
elle. Il faisait si sombre qu'elle ne pouvait voir
son visage, mais elle percevait l'éclat dans son
regard. D'un geste spontané, Bantje l'attira
contre lui. Anga n'opposa aucune résistance.
Elle était si lasse qu'elle appuya la tête contre
son épaule et ferma les yeux. Elle sentait la
respiration du prince contre sa joue et la douce
caresse de sa main dans sa nuque.

Ils demeurèrent longtemps immobiles, serrés l'un contre l'autre, quand, tout à coup, Anga
s'écarta, honteuse d'avoir montré sa faiblesse.
Sans un mot, elle tourna le dos à Bantje et regagna lentement le feu sur le point de s'éteindre.
Elle se courba pour remuer les braises avec
un bâton, puis, après avoir remis du bois, elle
souffla dessus afin de ranimer les flammes.
Prenant conscience qu'elle tremblait de tout
son corps, elle s'efforça de retrouver son calme
en inspirant lentement et profondément. Après
un moment d'hésitation, Bantje lui avait
emboîté le pas. Lui aussi gardait le silence. Son
visage avait un air triste et songeur.

— Anga..., commença-t-il.

La jeune fille s'était juré de ne pas le regarder. Mais quelque chose dans la voix du jeune homme l'obligea à lever la tête. Appuyé contre la lance qu'il avait extraite du cadavre de l'ours, il portait sur elle, par-dessus les flammes, un regard implorant. La main crispée sur la hampe de son arme, il se força à dire :

— Anga, nous... nous avons perdu tous les deux nos parents. Nous sommes seuls. Les dangers que nous avons surmontés ensemble nous prouvent que nous pouvons compter l'un sur l'autre. Je... nous ne sommes plus des étrangers. Quand je serai à nouveau auprès de mon peuple, je voudrais... je voudrais que tu deviennes ma femme.

Anga le regarda avec le sentiment que son cœur s'était soudain arrêté de battre. Ses joues lui brûlaient. Instinctivement, et pour se donner une contenance, elle se remit à gratter les braises du feu. Elle réfléchissait fébrilement à ce qu'elle pourrait répondre. Elle ne savait pas comment masquer son trouble.

— Je ne suis que la fille d'un chasseur, finit-elle par balbutier. Alors que toi, tu vas devenir le khan des Chahars. Il y a sûrement dans ton peuple des centaines de filles bien plus nobles et bien plus belles que moi. Je...

Bantje avait déjà contourné le feu. De surprise, Anga se releva et en laissa échapper le bâton.

— Écoute-moi, Anga, dit Bantje d'une voix grave. Pour moi, tu es la fille la plus noble et la plus belle que j'aie jamais connue. Qu'ai-je à faire d'une femme passant ses journées à jouer à la coquette, à se parer de bijoux ? Je veux une femme fière et courageuse, comme l'était ma mère, qui m'accompagne à la chasse, qui siège près de moi dans les assemblées. Et cette femme, je souhaite que ce soit toi.

Anga garda le silence. Tant de pensées tournoyaient dans sa tête qu'elle n'arrivait plus à y voir clair. Que tout cela était inattendu ! L'idée que Bantje pouvait l'aimer et vouloir l'épouser lui était apparue, jusqu'à présent, aussi éloignée que la lune. Craignant son mépris, elle s'était toujours efforcée de masquer ses sentiments envers lui.

Pour la première fois, elle osa le regarder en face et, dans ses yeux, elle lut combien il était sincère, mais devina aussi une pointe d'inquiétude. Bantje, le prince des Chahars, tremblait à l'idée qu'elle rejette sa demande !

Timidement, Bantje tendit la main et lui

caressa le visage. D'une voix mal assurée, il lui dit :

— Tu porteras une couronne sertie de turquoises et de corail et des vêtements brodés de fils d'or... Tu seras la reine des Chahars et des milliers de guerriers se prosterneront devant toi. Le veux-tu, Anga ? Dis, le veux-tu ?

Cette fois, le visage d'Anga s'éclaira d'un sourire.

— Si tu le veux..., oui, je le veux aussi...

Chapitre 17

Aux premières heures de l'aube, un voile de brume enveloppait les arbres et les versants de la montagne. Tchi-Sik planait au-dessus de la forêt à la recherche d'une proie.

Avant de se remettre en route, Anga et Bantje retournèrent sur la tombe de Khan. Anga avait trouvé une longue branche, couverte de feuilles aux couleurs de l'automne qu'elle déposa sur le monticule de pierres. Puis, elle s'inclina et, croisant les mains sur le front comme autrefois devant l'autel familial, elle pria à voix basse :

— Adieu, Khan, cheval de lune argenté, mon sauveur !

Bantje vint s'incliner à son tour, puis il enfourcha sa monture. Alors, laissant échapper un soupir, Anga se retourna lentement et monta à son tour sur son cheval. Quand elle sentit combien le pas de l'animal lui était peu familier, la plaie dans son cœur se raviva une nouvelle fois.

Bantje et Anga se frayèrent un chemin à travers le sous-bois, suivant tout un moment le cours de la rivière, puis ils s'engagèrent dans la partie rocheuse, empruntant un étroit sentier à flanc de montagne.

Après deux jours de marche laborieuse, le paysage s'adoucit peu à peu, laissant place à des collines verdoyantes. Un après-midi, Bantje s'arrêta brusquement. Du sommet de l'une d'elle partait une longue pente aboutissant à une plaine, traversée par le cours sinueux d'une rivière aux eaux bleues. C'était une région fertile comme en témoignaient les herbes hautes et les arbres majestueux le long de la rivière.

— Voici mon pays ! dit Bantje avec fierté. Désormais, il sera aussi le tien.

Anga jeta alentours un regard émerveillé.

— J'avais toujours cru que c'était un pays de steppes arides.

Bantje éclata de rire et montra le lointain.

— Non, la steppe et le désert se trouvent en

direction du soleil couchant, à plus de trente jours à cheval d'ici !

— Peut-on déjà voir les tentes de la ville ? demanda Anga en clignant dans la lumière du soleil.

— Nous y serons avant la tombée de la nuit, expliqua Bantje en faisant repartir son cheval. Le visage grave, il ajouta :

— J'arrive à peine à croire que nous sommes enfin bientôt arrivés.

Puis son visage se crispa à nouveau. Cela lui arrivait de plus en plus souvent ces derniers temps. Anga savait qu'il pensait à Maalek. Elle s'inquiétait à l'idée que ses sombres pressentiments puissent être fondés.

Un peu plus tard, ils tombèrent sur un berger menant boire son troupeau au bord de la rivière. Bantje alla vers lui. Deux énormes chiens se précipitèrent à sa rencontre en aboyant. Le berger, un vieil homme, les rappela.

Interloqué, l'homme dévisagea Bantje comme s'il était un fantôme. Soudain, un grand trouble se lut sur son visage. Il fit un pas si brusque en arrière qu'il lâcha le bâton qu'il avait à la main. Il se pencha pour le ramasser, puis tomba à genoux et s'inclina si profondément que sa tête toucha le sol.

D'un ordre bref, Bantje lui lança :

— Lève-toi ! De quoi as-tu peur ?

Le berger leva un regard craintif. Son visage était gris, sa mâchoire tremblait et il n'arrivait pas à parler. Impatienté, Bantje fit avancer son cheval de quelques pas et, d'un ton sec, s'écria :

— Tu vas parler, oui ou non ?

— Seigneur ! commença à dire le berger en levant les bras comme pour se faire pardonner. Oh, noble seigneur... on a affirmé que tu étais mort !

La main de Bantje se crispa sur sa lance.

— Qui ça « on » ?

— Noble seigneur, deux marchands kirghizes... avant leur venue, nous espérions jour et nuit...

Anga et Bantje échangèrent un regard et Anga vit dans les yeux verts du prince briller quelque chose qui ne laissait rien augurer de bon. Bantje bouillait de colère. Cependant, il se contrôla et demanda le plus calmement possible :

— Que s'est-il passé ?

Le berger rassembla son courage. Et, d'un coup, ce fut un déluge de mots.

— Quand nous avons appris le tremblement de terre dans le pays de minuit, le seigneur Maalek a aussitôt envoyé des guerriers à la rencontre du grand khan et de sa famille. À leur retour, les guerriers ont raconté qu'ils n'avaient trouvé que ruines et désolation. Maalek a alors rassemblé le peuple et lui a dit : « Il n'est pas bon que les Chahars n'aient plus de souverain. C'est donc moi qui gouvernerais à la place de Naïdoung Djaman. » Pourtant, les prêtres ont objecté : « Il nous faut d'abord la preuve de la mort du khan. Maalek devra attendre trois lunes. Passé ce délai, nous voulons bien le nommer nouveau khan des Chahars. » Quelque temps après, deux Kirghizes sont arrivés, c'étaient des marchands. Maalek les a reçus sous sa tente. Quand il est ressorti, il a déchiré ses vêtements et a entonné le chant des lamentations : « Notre grand khan Naïdoung Djaman a péri avec toute sa famille ! Ces deux hommes ont trouvé leurs cadavres et les ont enterrés ! D'ailleurs, en voilà la preuve. » Et il a montré à la foule réunie le pendentif royal avec le faucon aux ailes déployées. Plus personne ne pouvait douter de la mort de la famille princière. Le noble seigneur Maalek a ordonné douze jours de deuil et de lamentations. Le treizième jour, les prêtres l'ont revêtu du manteau pourpre brodé d'or et ils l'ont élu khan des

Chahars. Je vous en supplie, noble seigneur, ne me punissez pas pour ce que je viens de vous raconter.

D'un geste, Bantje demanda au berger de s'en tenir là.

— C'est bon, dit-il. Il ne te sera fait aucun mal.

En revanche, il glissa à Anga :

— Je ne m'étais pas trompé. Maalek a payé les marchands pour qu'ils mentent. Puis, sachant où je me trouvais, il a envoyé trois misérables me tuer.

— Et maintenant ? demanda Anga.

— Tu vas voir. Suis-moi !

Bantje écarta son cheval, puis le lança au galop. Comme une bourrasque de vent, Anga partit à sa suite.

Chapitre 18

Soudain, au creux d'un vallon entouré de collines, la ville de tentes des Chahars apparut. Anga resta le souffle coupé. Toute sa vie, elle n'avait rien vu d'autre que son humble village de chasseurs. Et là, devant elle, elle découvrait avec fascination un tel déploiement de faste et de grandeur ! Il y avait plus d'une centaine de grandes tentes aux parois peintes en blanc et en rouge, surmontées de banderoles de toutes couleurs. La ville de toile était entourée d'une haute palissade surmontée, en différents endroits, de portails richement décorés de sculptures d'or et de bronze. Des sentinelles aux armures flamboyantes patrouillaient lentement le long de ces remparts, une lance au poing.

Pour la première fois, Anga prit conscience de l'extraordinaire destinée qui l'attendait ici. Bantje lui avait dit : « Tu seras reine des Chahars. » À cette pensée, elle eut subitement un sentiment d'angoisse. Elle n'avait aucune idée de la façon dont se comportent les reines. Mais son abattement ne dura qu'un instant et sa fierté reprit vite le dessus. « Une fille de la steppe ne doit jamais montrer ses faiblesses et ses craintes. Si Bantje m'a choisie pour devenir la souveraine des Chahars, songea-t-elle, je dois me montrer digne de cet honneur et ne pas douter de moi. »

Elle poussa sa monture pour chevaucher à côté du prince, dont le visage était extrêmement tendu. Les chevaux avançaient à la vitesse du vent dans les herbes tendres de la plaine. Lorsque Anga eut accordé le pas de son cheval à celui du prince, elle souhaita de tout son cœur qu'il puisse faire valoir ses droits sans effusion de sang.

Ils arrivèrent au galop devant le portail principal de la ville de toile, surveillé par deux guerriers en armes. L'air menaçant, les hommes croisèrent leurs lances pour leur barrer l'entrée.

— Qui es-tu ? s'écria l'un avec insolence.

Bantje le dévisagea avec hauteur.

— Je suis ton prince, répliqua-t-il sèchement. Libérez le passage !

Les deux sentinelles furent si interloquées qu'elles abaissèrent leur lance instantanément. Dans un nuage de poussière, les cavaliers passèrent devant elles.

Anga savait que leur destinée allait se décider d'une minute à l'autre et que, pour Bantje aussi bien que pour elle, tout pouvait mal se passer, voire entraîner leur mort. Curieusement, elle ne ressentait aucune crainte.

Une foule, richement vêtue, déambulait dans l'artère principale de la ville. Sur leur cuirasse, les hommes portaient des capes blanches, doublées de fourrure. Des poignards au manche d'argent étaient suspendus à leur large ceinture de cuir. Les femmes arboraient de longues tuniques de soie. Leur chevelure, coquettement relevée sur le sommet de la tête, selon la coutume, brillait de pierres précieuses et d'aigrettes entremêlées de fils d'argent. Les jeunes filles avaient le visage fardé de poudre blanche. Des nuées d'enfants à la peau mate jouaient et couraient entre les tentes. À plusieurs reprises, Anga vit des prêtres marchant d'un pas lent et plein de dignité, dans leur tenue jaune safran.

Tous, hommes, femmes, enfants, avaient le regard braqué sur ce jeune et étrange cavalier en haillons, barbu, hirsute, et sur la jeune fille à ses côtés, aussi misérablement vêtue et pourtant d'une extraordinaire beauté. Les deux jeunes gens, sur leurs chevaux, se dirigeaient droit vers la tente princière au centre de la ville. Que voulaient-ils? Qui étaient-ils? L'étonnement fit rapidement place à une rumeur de plus en plus étourdissante. Bantje! le prince Bantje était de retour!

D'un seul coup, la foule s'était amassée autour des chevaux de Bantje et d'Anga. Sans le moindre regard, le prince avançait, altier, jusqu'à la place devant la tente du khan. Au-dessus de l'entrée de la tente se déployait un large dais en soie jaune, garni de pendeloques en cuivre et en argent agitées par le vent. Une peau d'ours était étalée devant l'entrée.

Obéissant à un signe discret de la tête de Bantje, Anga arrêta son cheval. Ils étaient maintenant entourés de tous côtés par une foule redevenue silencieuse, attendant avec inquiétude la suite des événements. Déjà prévenu, Maalek ne tarda pas à sortir de la tente. Il ne semblait pas troublé le moins du monde. Quand il se trouva devant Bantje, il leva la tête vers lui et cligna un peu des yeux. Peut-être était-il ébloui par les rayons obliques du soleil? C'était un jeune homme de grande taille, large et puissant, dont le visage au teint clair exprimait l'orgueil et la suffisance, une fine moustache soulignant sa bouche large et cruelle. Il portait une veste richement brodée sur un pantalon blanc et des bottes à la pointe retroussée. Deux sentinelles l'entouraient, armés chacun d'une lance.

Devant la foule rassemblée, Maalek brisa le premier le silence. Saluant d'un air condescendant d'une légère inclination de la tête, il lança :

— Bienvenue, Bantje, fils de Naïdoung Djaman ! Depuis deux lunes, nous avons pleuré ta mort. C'est un jour béni que celui qui te ramène à ton peuple. Heureusement...

Mais Bantje l'interrompit d'un geste brusque de la main.

— Tu n'es qu'un hypocrite et un lâche, s'écria-t-il, le regard brillant de colère. Sais-tu quelle sentence frappe l'usurpateur d'un trône ?

Une fraction de seconde, il régna un silence de mort. Sitôt après, un murmure s'éleva de la foule. Même Anga était ébahie par l'intervention courageuse de Bantje. Maalek pourtant ne manifestait toujours pas le moindre trouble. Le visage impassible, il reprit la parole.

— Deux hommes nous ont apporté la preuve de la mort de Naïdoung Djaman. Le peuple des Chahars réclamait un nouveau souverain.

— Les deux marchands, c'est moi qui les ai envoyés! répliqua Bantje, la voix vibrante de colère. Je leur ai même confié le pendentif portant l'emblème royal comme preuve de ma survie. Mais toi, tu l'as fait passer pour preuve de ma mort. Après quoi, tu as envoyé trois hommes m'assassiner. Comme tu vois, ton plan a échoué!

Dans la foule, la rumeur s'était transformée en houle, des regards hostiles pleuvaient sur Maalek qui n'avait jamais réussi à gagner leur cœur. Depuis huit générations, les ancêtres de Bantje avaient régné sur les Chahars et il était leur descendant en ligne directe, alors que Maalek n'était qu'un parent.

Le peuple avait choisi son camp. Maalek ne s'y méprit pas. Subitement, il perdit tout contrôle de lui-même:

— Tu mens! hurla-t-il, le visage tordu par la colère.

D'un bond rapide, Bantje sauta de son cheval et marcha vers son cousin, leva la main et le frappa deux fois au visage. C'était une insulte mortelle. Poussant un grognement sourd, Maalek fit un bond en arrière, comme mordu par un serpent, et dégaina son sabre. La lame courbe étincela au soleil.

Immobile, la tête relevée, Bantje dévisagea son adversaire avec un indicible mépris. Maalek hésita à passer à l'attaque. Son front se mouilla de sueur. De toute part, des regards furieux étaient braqués sur lui. Sentant l'hostilité générale, il abaissa son sabre. Soudain, il découvrit le grand prêtre Ogotaï, les bras croisés, au premier rang de la foule. Le vieil homme portait sur le corps une longue tunique retenue par une large ceinture noire et son crâne était couvert d'un grand bonnet auquel étaient accrochées des amulettes. Ses yeux en forme d'amande, au milieu d'un visage osseux aux tempes fuyantes, avaient un éclat sombre et pénétrant.

En témoignage de sa plus haute vénération, Maalek se jeta à ses pieds, face contre terre.

— Ogotaï! s'écria-t-il d'une voix rauque. Tu m'as couronné khan selon les rites sacrés. Mon cœur était vierge de tout mensonge et de toute déloyauté. Je ne pensais qu'au salut de notre peuple. Ce que tu viens d'entendre, ce ne sont qu'odieuses calomnies. Le prince est devenu fou! La douleur d'avoir perdu son père a dû lui troubler l'esprit!

Se dégageant de la foule, Ogotaï fit un pas en avant. L'agitation cessa aussitôt. Alors, d'une voix ferme, le grand prêtre s'exprima:

— Les deux marchands qui ont rapporté l'insigne royal ont prétendu l'avoir trouvé sur le corps du prince écrasé par un rocher. Or, prince Bantje est devant nous, sain et sauf, et il affirme avoir confié en personne cet insigne aux deux marchands, pour qu'ils le remettent au peuple des Chahars comme preuve de sa survie.

Transperçant Maalek de son regard, il lui demanda d'une voix cinglante:

— Oses-tu accuser le fils de Naïdoung Djaman d'avoir menti?

Maalek avait visiblement du mal à contenir sa fureur. Mais il lui fallait s'assurer coûte que coûte l'appui du grand prêtre.

— J'ai été abusé par ces marchands! s'écria-t-il, feignant d'être accablé par une telle infamie.

Bantje qui, jusqu'alors, s'était tenu à l'écart sans rien dire, s'avança vers le grand prêtre en lui tendant sa main ouverte. Dans sa paume se trouvaient trois boutons en cuivre portant chacun en relief un serpent lové sur lui-même. S'adressant à Maalek, il dit :

— Et ça ? Sais-tu ce que c'est ?

Maalek devint blanc comme un linge. Il répondit pourtant d'une voix assurée :

— Je ne vois vraiment pas où tu veux en venir.

— Eh bien, je vais te rafraîchir la mémoire ! lança Bantje. Ces boutons, je les ai détachés des vestes des trois hommes que tu avais envoyés pour m'assassiner. Et ces boutons, ils ont été fabriqués chez nous par des orfèvres chahars !

D'un air méprisant, Bantje lança les trois boutons aux pieds d'Ogotaï.

Un silence pesant s'abattit sur la place. Tous étaient figés dans l'attente du verdict du grand prêtre. Ogotaï lui aussi demeurait immobile. Pas un muscle de son visage ne frémissait. Finalement, sa voix calme et solennelle brisa le silence :

— J'ai couronné Maalek dans la grotte des divinités et j'ai oint son front, ses mains et ses pieds avec l'huile sacrée que Gengis Khan rapporta autrefois de la célèbre ville impériale. Seule la mort peut rompre cette ordination.

C'est aux dieux de trancher le différend pour que justice soit rendue.

Un murmure circula dans la foule comme une houle, passant de bouche en bouche, jusqu'au moment où des centaines de voix clamèrent à l'unisson : « Que les dieux rendent justice ! »

Le tumulte éclata si brusquement que les chevaux s'affolèrent et Anga eut du mal à les empêcher de fuir. Elle aussi était extrêmement inquiète. Qu'allait-il se passer ? Une bousculade insensée se produisit que les sentinelles contenaient avec peine. La gorge nouée, Anga ne perdait pas de vue les deux rivaux, maintenant aux côtés du grand prêtre. Toute la personne de Bantje exprimait le calme et le mépris. Maalek, quant à lui, avait un visage buté. Ses yeux sombres balayaient la foule d'un air triomphant. Subitement, il arracha un sabre du fourreau d'une des sentinelles, près de lui, et le lança au prince. Bantje attrapa l'arme au vol et, sans quitter son cousin des yeux, fit un pas en arrière. Anga pressa la main sur son cœur. Un duel ! Alors que Bantje venait tout juste de se remettre de ses blessures ! Anga comprenait que c'était la seule solution et aussi pourquoi Maalek avait sollicité l'intervention du grand prêtre : il savait que le prêtre s'en remettrait au jugement des dieux. Comme il avait une extrême confiance en lui dans le maniement des armes, Maalek était sûr de sa victoire.

Sur ordre d'Ogotaï, un homme vêtu de rouge s'approcha avec une fine cordelette et enroula chaque extrémité au poignet des deux opposants. Comme la cordelette avait à peu près cinq pieds de long, les combattants gardaient une liberté de mouvement tout en étant dans l'impossibilité de s'éloigner l'un de l'autre au-delà de cette distance.

Un silence lourd d'angoisse régnait désormais sur la place. Ogotaï recula d'un pas et, levant la main droite, donna le signal pour que commence le combat. Les deux adversaires se mesurèrent du regard. Puis, sans se quitter des yeux, ils firent plusieurs petits pas pour trouver sur le sol l'endroit le meilleur. Maalek semblait sourire. À chacun de ses gestes, son sabre étincelait dans la lumière rougeâtre du soleil couchant. Le visage de Bantje était totalement détendu. Il se déplaçait lentement, avec la souplesse d'un félin.

Une légère brise agitait les bannières en soie au sommet des tentes. Le silence n'était troublé que par le tintement cristallin des ornements du dais.

D'un coup, Maalek fit un bond en avant. Bantje esquiva le coup, mais la lame effleura son épaule, y laissant une longue estafilade. En même temps qu'il donnait l'assaut, Maalek avait tiré violemment de la main gauche sur la cordelette pour déséquilibrer son adversaire. Mais Bantje avait prévu cette ruse, se jeta en arrière, tendant à son tour la cordelette comme la corde d'un arc. Aussitôt après, il se courba pour prendre son élan et, d'un bond, fut près de Maalek, brandissant déjà son sabre au-dessus de sa tête. Maalek se déroba au dernier moment et Bantje, sur sa lancée, rebondit contre la toile de tente royale. Il fit immédiatement volte-face et revint sur ses pas.

La respiration haletante, les deux lutteurs se retrouvaient face à face et s'épiaient. Maalek recourut alors à une feinte à laquelle Bantje réagit trop tard. Une douleur subite s'étant réveillée dans son genou, il perdit l'équilibre et tomba à terre. Maalek se rua comme un fou sur lui et Bantje n'échappa à la mort qu'en se détournant brusquement. Il vit la lame brillante au-dessus de lui et agrippa le poing de son adversaire. Avec la force du désespoir, il repoussa la main de Maalek et réussit à se remettre debout. À nouveau, Maalek tira violemment sur la corde. Conscient maintenant de la faiblesse du genou de Bantje, il avait élaboré une nouvelle stratégie. Il renforça sa tension sur la corde tout en faisant tournoyer son sabre, pour fatiguer Bantje.

Bantje comprit qu'il ne pourrait indéfiniment lutter contre la vitalité et l'adresse de Maalek. La seule possibilité qu'il avait de l'emporter était de faire s'approcher suffisamment Maalek de lui pour le déséquilibrer. Profitant de ce que Maalek tentait un nouvel assaut, Bantje fit un léger écart, tendit le pied gauche en avant, faisant trébucher Maalek qui roula dans la poussière. Dès que ce dernier se fut retrouvé sur le dos, Bantje se laissa tomber de tout son poids sur lui et bloqua entre ses jambes les bras tendus de son adversaire. Il posa la lame de son sabre sur le cou de Maalek. Le visage baigné de sueur et grimaçant de peur, Maalek se raidit, s'attendant à recevoir le coup de grâce. Mais Bantje n'acheva pas son geste.

— Jette ton arme ! ordonna-t-il, hors d'haleine.

Il sentit sous son corps les muscles de Maalek se tendre. Alors, il le plaqua encore plus brutalement à terre. La tête de l'adversaire heurta violemment le sol.

— Eh bien? siffla Bantje. Qu'est-ce que tu attends?

Maalek grinça des dents et lâcha son arme.

Bantje se releva lentement, péniblement, tant son genou le faisait souffrir. Puis il trancha la corde qui le retenait à son adversaire et, d'une voix rauque, il ordonna:

— Lève-toi!

Quand Maalek, écumant de colère, fut debout devant lui, Bantje lui dit:

— Je t'épargne. Mais tu seras banni à tout jamais de notre pays. Si tu oses une seule fois y revenir, tu seras décapité et ta tête sera exposée en haut de nos remparts.

De la foule s'éleva tout d'abord un murmure qui, très vite, se mua en une clameur de plus en plus forte:

— Tue-le, prince! Tue-le! Les dieux ont parlé! Il doit mourir!

Bantje lança sur eux un regard enflammé, puis, lentement, il posa le sabre sur le sol.

— Je ne tue pas un homme désarmé! lança-t-il avec mépris. Portant alors un regard à la ronde, il croisa celui d'Anga. Son visage était pâle. Elle respirait difficilement. Mais un timide sourire de bonheur éclairait ses traits. Bantje marchait déjà vers elle quand, brusquement, il vit le visage de la jeune fille se crisper et ses yeux se remplir d'effroi. Au même moment, un hurlement jaillit de la foule, comme d'une même voix. En un éclair, Bantje fit volte-face. Maalek avait repris son sabre et s'apprêtait à bondir comme une bête de proie.

La contre-attaque de Bantje fut fulgurante. Anga eut à peine le temps de le voir se pencher légèrement, tendre vivement son bras en avant que déjà Maalek gisait à terre, le sabre du prince enfoncé dans sa poitrine.

Le regard glacé, Bantje considéra un instant le corps inanimé à ses pieds, puis il se détourna. Comme des eaux longtemps contenues, d'un seul coup les voix du peuple jaillirent. Les femmes poussaient ces longues stridulations qui, chez les Mongols, sont l'expression d'une grande joie. Les hommes lançaient leurs armes en l'air.

Au milieu de ces manifestations d'enthousiasme, Ogotaï s'avança de son pas solennel. Dès qu'il leva la main, la foule se tut et la voix du prêtre s'éleva:

— Les dieux ont rendu une sentence équitable et juste, dit-il en levant les bras dans un geste de prière. Maalek est mort en traître. Son cadavre ne mérite pas d'être enterré avec les honneurs. Qu'il soit abandonné aux vautours!

Puis, croisant les mains à la hauteur du front, il s'inclina profondément devant Bantje. Alors, dans un cliquètement d'armes et dans un froissement d'étoffes, tout le peuple chahar tomba à genoux. Hommes, femmes, enfants, tous se prosternèrent à leur tour, le front dans la poussière.

Bantje se tenait immobile et droit sous le dais royal devant la tente du khan, les yeux étincelants de lumière.

Impressionnée par ce spectacle qu'elle découvrait, Anga fut la seule à rester debout dans cet océan de têtes courbées. Au moment où elle voulut elle aussi se prosterner, Bantje vint vers elle, lui prit la main et, d'une voix claire et assurée, il s'adressa à son peuple:

— Regardez tous! Voici votre reine!

Les têtes se redressèrent, et les regards se portèrent sur Anga qui esquissa un mouvement de recul. Mais Bantje pressa fortement sa main et, à ce contact, elle sentit le calme revenir en elle. Levant lentement les yeux vers lui, elle vit qu'il souriait. Alors elle sourit à son tour. D'un seul coup, d'immenses cris de joie montèrent de la foule, les cris de son peuple !

En cet instant, le souvenir de Khan lui revint en mémoire. Si autrefois, dans les montagnes enneigées, elle n'avait pas découvert le cheval de lune, ce merveilleux cheval blanc à la crinière argentée, quel autre tournant aurait pris sa destinée...! La nostalgie, la douleur et la gratitude partageaient son cœur. Oui, elle l'avait toujours su. Khan n'avait pas été un cheval ordinaire. Il lui avait été envoyé par les dieux comme un génie bienfaisant pour orienter son destin et la conduire vers le bonheur.

Remplie de confiance et d'espoir, Anga porta son regard vers les rougeurs du soleil couchant comme si elle voulait dire aux dieux à voix basse : «Merci !», comme si elle avait chargé Tchi-Sik, qui traçait des cercles au-dessus de la grande ville de toile, de porter au ciel la prière d'actions de grâces d'Anga, fille des steppes.

Federica de Cesco

L'auteur est née en 1938 à Pordone, en Italie, d'une mère allemande et d'un père italien. Elle passe les quatre premières années de sa vie en Éthiopie, puis les deux suivantes en Italie. Elle vit ensuite jusqu'à l'âge de dix-neuf ans en Belgique. À vingt et un ans, elle se marie à un photographe japonais, avec qui elle a deux enfants. Elle vit en Suisse depuis 1962.

Très tôt, elle manifeste des dons dans les domaines de la musique, des langues et du dessin. À quinze ans, elle écrit son premier roman, qui est publié par une maison d'édition belge. À dix-sept ans – elle en est à son deuxième roman –, elle décide d'arrêter ses études. Depuis, elle n'a pas cessé d'écrire, d'abord en français, puis, depuis quinze ans, en allemand. À ce jour, elle a publié une cinquantaine de romans, quasiment tous pour la jeunesse.

Les héroïnes de ses romans sont généralement de jeunes adolescentes, volontaires et courageuses ; ses intrigues ont souvent pour toile de fond des civilisations indiennes, japonaises et nomades.

Anne Georges

La traductrice vient de mettre un terme à une carrière de professeur d'allemand. Également docteur en histoire de l'art, elle n'en prolonge pas moins son attachement et son intérêt pour la jeunesse en se consacrant, depuis plusieurs années déjà, à la traduction auprès de différents éditeurs.

Jean-Denis Pendanx

L'illustrateur de la couverture est né à Dax (dans les Landes) en 1966. Après des études d'arts graphiques à Toulouse et à Paris, il part quinze mois en coopération culturelle au Bénin. Dès son retour, il se lance dans la bande dessinée et publie un album, *Diavolo*, avec Doug Headline (éditions Zenda, 1992). Puis il commence une série fantastique, *Labyrinthes*, avec Dieter et Le Tendre au scénario (4 tomes aux éditions Glénat, de 1993 à 1998).

« L'illustration est pour moi un complément et une continuité à la bande dessinée, avec un avantage tout de même, celui de pouvoir changer d'univers, mais aussi de voir une idée prendre vite forme, ainsi que de tester diverses techniques de dessin et couleur.

Ainsi, je réalise parallèlement des couvertures et illustrations pour les magazines *Casus Belli, Player One, Sciences & Vie Junior*. Je travaille en ce moment dans le dessin animé et réaliserai bientôt un vieux rêve : adapter en BD un roman policier se déroulant en Afrique noire. »

Castor Poche, des livres pour toutes les envies de lire: pour ceux qui aiment les histoires d'hier et d'aujourd'hui, ici, mais aussi dans d'autres pays, voici une sélection de romans.

781 **La princesse qui détestait les princes charmants** Junior
par Paul Thiès

Il était une fois une princesse qui s'appelait Clémentine, et qui ne voulait pas épouser de prince charmant. Elle détestait carrément les princes charmants! Elle n'avait qu'un rêve, transformer tous les garçons en grenouilles, sauf son ami Cabriole…

780 **L'araignée magique** Junior
par Nette Hilton

Jenny adore aller passer des vacances chez Violette-Anne, son arrière-grand-mère. Cette année, Jenny y découvre une invitée surprise: Pam, l'araignée à sept pattes. Cette araignée n'est pas ordinaire, et sa présence rappelle bien des souvenirs à Violette-Anne…

779 **La fée Zoé** Junior
par Linda Leopold Strauss

Qui a dit que les fées avaient des ailes et une baguette magique? Lorsque Zoé entre dans la vie de Caroline, elle a l'air d'une petite fille tout à fait ordinaire… et pourtant! Tout le monde ne peut pas voler et faire parler les chats!

778 **L'île du vampire** Junior
par Willis Hall

Rejeté à cause de ses ancêtres Dracula, les seuls amis du comte Alucard sont les loups de la forêt. Quand l'un d'eux est capturé, le comte improvise un sauvetage… qui se transforme en naufrage sur une île déserte!

759 Monsieur Labulle super magicien — Junior
par Massimo Indrio

En pleine nuit, Monsieur Labulle est réveillé par un drôle de bruit. Il découvre alors, dans la cuisine, une petite fille : elle s'appelle Stella, arrive de l'espace, et se dit magicienne. Elle demande à monsieur Labulle de l'accompagner dans une mission... explosive !

758 Monsieur Labulle super cosmonaute — Junior
par Massimo Indrio

Lulu Tirebouchon est le meilleur ami de monsieur Labulle. C'est un inventeur de génie, dont la dernière création est une fusée. Monsieur Labulle accepte de tester l'engin, mais il n'est pas très rassuré : dans quelle drôle d'aventure s'est-il encore embarqué ?

757 Monsieur Labulle super détective — Junior
par Massimo Indrio

Monsieur Labulle adore lire les aventures de son héros préféré, Super Super. Quand il apprend le mystérieux enlèvement de l'oncle Rémi, il décide de prouver à son tour son courage. Attention ! Monsieur Labulle mène l'enquête... ça décoiffe !

756 Monsieur Labulle super pilote — Junior
par Massimo Indrio

Monsieur Labulle, dans la vie il faut travailler ! Oui, mais quel métier exercer ? Pâtissier ou peintre en bâtiment ? Pilote d'essai semble une meilleure idée... quelle course !

Cet
ouvrage,
le sept cent
quarante-neuvième
de la collection
CASTOR POCHE,
a été achevé d'imprimer
sur les presses de l'imprimerie
Maury Eurolivres
Manchecourt - France
en mai 2002

Dépôt légal : mai 2000.
N° d'édition : 4769. Imprimé en France.
ISBN : 2-08-16-4769-9
ISSN : 0763-4544
Loi n° 49-956 du 16 juillet 1949
sur les publications destinées à la jeunesse